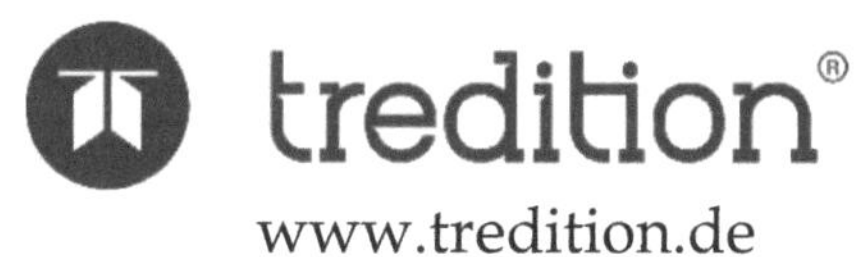

www.tredition.de

Elli Fleckner Rochalla

Die Kraniche ziehen

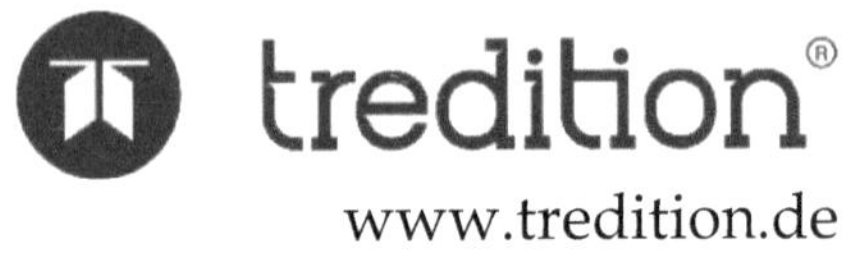

© 2018 Elli Fleckner Rochalla

Verlag und Druck: Tradition GmbH, Halenreie 40-44, 22359 Hamburg

ISBN
Paperback: 978-3-7469-5042-6
Hardcover: 978-3-7469-5043-3
e-Book: 978-3-7469-5044-0

Die Kraniche ziehen

Der Sikh Guru Nanak führte ca. 1800 v.Chr. Amenemhet IV. und seine Tochter Ptah Nofru in die Lehre des Avalochitesvara-Sterns und in die Lehre der Atman-Seele ein. Er war ein Wanderprediger, der von Indien über Afghanistan nach Kreta reiste. Überall, wo er Menschen kennenlernte, die an seinen heiligen Worten interessiert waren, sprach er über die Sikh-Religion, die er in seiner Heimat gegründet hatte. Guru Nanak war auf der griechischen Insel Kreta leicht zu erkennen, weil er mit seinem Turban wie ein Gelehrter aus Indien aussah. Im Jahre 1800 v.Chr. lernte er Kaiser Amenemhet IV. und seine Tochter Ptah Nofru auf der Insel Kreta kennen. Beide lebten im Palast von Knossos und beide führten dort ein herrschaftliches Leben. Sie waren weltoffen und beide waren bereits in die Lehren des Alten Ägyptens eingeweiht. Sie lebte in Alexandria, der Stadt der Bücher und Bibliotheken in Unterägypten. Der Vater regierte seit 48 Jahren in Ägypten und war berühmt dafür, dass er in seiner Heimat Land und Leute befriedet hatte. Amenemhet IV. erfuhr von seinen Ministern, die sich gerade im Palast von Knossos aufhielten, dass Guru Nanak in der Lage sei, Mahakalla TD ins Schwarze Loch des Kosmos zu versenken. Nach dieser Methode sei Mahakalla TD nicht mehr in der Lage, Unfrieden, Katastrophen und Krankheiten im Land zu verbreiten. Mahakalla TD brachte schon mehrfach Unheil und Katastrophen über Ägypten. Amenemhet IV. war sehr daran interessiert, wieder Frieden zu schaffen. Aber es fehlte ihm an einer zündenden Idee, wie er das in die Tat umsetzen könne. Er hatte bereits die besten seiner Leute in Ägypten verloren und er suchte dringend nach einer Lösung für dieses Problem.

Mahakalla TD war zu einer großen Plage geworden, vergleichbar mit Pest und Cholera. Wie eine Epidemie verbreitete sich sein Schrecken aus und er zerstörte alles, was ihm in die Quere kam. Die Attacken von Mahakalla TD hinterließen so viel Tote und so unendlich viel Leid, wie bei einem Angriff von Barbaren.

Amenemhet IV. ließ nichts ungeschehen, um die Gefahren an Leib und Leben für seine Familie und für seine Untergebenen abzuwehren. Er hatte alle Bibliotheken in Alexandria erforscht, aber keine Lösung gefunden. Mehrfach fand er Textstellen, die davon handelten, dass sich etwas Grauenvolles ausgebreitet hatte, das man nicht vernichten könne. Versuche man etwas dagegen zu unternehmen, würde dieses Grauen, Mahakalla TD, nur noch bestialischer. Dieses teuflische Werk erinnere an schwarzer Magie. Amenemhet IV. hatte sich intensiv mit diesem Problem auseinnandergesetzt, aber ohne Erfolg. Er erhoffte sich von einem Gespräch mit Guru Nanak, dass dieser ihm ein Mittel gegen Mahakalla TD verraten könne. Vielleicht ein Gegengift gegen diese Plage, die alle und alles in Schrecken und Panik versetzt. Amenemhet IV. erhoffte sich ein Gegenmittel vielleicht in Form von äetherischen Ölen   oder Weihrauch, obwohl ihm schon klar war, dass man diese Dämonen, Tod und Teufel damit nicht zu Leibe rücken könne. Er bat Guru Nanak, so schnell wie möglich zu sich und zu seiner Tochter in den Palast zu kommen. Ptah

Nofru, seine Tochter, bereite alles vor. Sie reinigte alle Räume und stellte einige Köstlichkeiten zur Erfrischung bereit. Ihr Vater zählte große Stücke auf sie, weil sie die Welt der Wissenschaft und Forschung sehr früh entdeckt hatte und in die Bibliotheken von Alexandria ein- und ausging. Ptah Nofru kannte das Totenbuch der Ägypter, war aber davon überzeugt, dass es in anderen Kulturen andere Informationen zum Leben nach dem Tod geben müsse. Wie ihr Vater wollte auch sie Mittel und Wege finden, Mahakalla TD ins schwarze Loch des Kosmos zu vernichten. Sie verschwieg das Leiden an Mahakalla TD von ihrem Vater nicht und sie hoffte auf Hilfe von Guru Nanak. Er war von mittelgroßer Statur und er hatte strahlende Augen, die mildtätig auf Vater und Tochter schauten. Beide sprachen mit ihm über die Gefahr, die von Mahakalla TD ausging.

Guru Nanak sagte beiden, dass er ihnen nicht helfen könne. In seiner langjährigen Praxis als Guru und Wanderprediger sei ihm so etwas wie Mahakalla TD noch nicht begegnet. Die Mahakalla

TD-Gefahr sei so groß, dass eine einzelne Person nicht in der Lage sei, dagegen vorzugehen. Er würde aber all sein Wissen und Können mit ihnen teilen, um das Land von Mahakalla TD zu reinigen. Guru Nanak sagte bei ihrem ersten Treffen, dass es im Wesentlichen darauf ankomme, Gott dahingehend zu unterstützen, seine göttliche Atman-Seele aufzubauen. Die Atman-Seele, auch Rochalla genannt, ist das globale-Gitternetz, das den gesamten Avalochitesvara-Rochalla-Stern umspannt. Das globale-Gitternetz ist transparent, transzendent, rautenförmig aufgebaut, weiß und heilig. Es hat die magischen Fähigkeiten, zu heilen. Das detaillierte Wissen über den Atman-Stern und die Avalochitesvara-Rochalla-Lehre sei die Grundvoraussetzung für einen ersten Schritt zur Unterstützung des globalen Gitternetzes.

Guru Nanak erklärte Ihnen die Grundstruktur des Sterns, der aus 3 Sphären und 3 Ebenen besteht. Die drei Ebenen heißen in Ägypten KA, BA, ACH. Das ACH, der Klare Geist, ist das Dewachen für Buddhisten. In Tibet heißt es Dewachen, in Deutschland heißt es Paradies, Himmelreich oder Grünes Land. Er führte weiter aus, dass er mit der Struktur des Avalochitesvara-Rochalla-Sterns fortfahren werde und erklärte ihnen die transzendenten Kräfte: Klarer Geist von Avalochitesvara-Rochalla, Allmacht und Gotteskraft. Die Transzendenz ist die Dreifaltigkeit Gottes. Zusätzlich zu seinen Belehrungen würde er Meditation und Gebete empfehlen, ohne die es keinen Erfolg geben könne. Die Belehrungen würden nicht so lange dauern, so Guru Nanak. Wichtig wären die mehrmaligen Meditationen und die Gebete.

Das Ziel für Amenemhet IV. und seine Tochter sei es, Erleuchtung zu erlangen. Im ersten Schritt gehe es um die Befreiung der Atman-Seele, im zweiten Schritt um den Klaren Geist von Avalochitesvara-Rochalla. Zunächst geht es darum, Seele und Geist von Avalochitesvara-Rochalla zu verstehen.

Es gibt 178 Aspekte des Klaren Geistes. Sie müssen sie alle auswendig lernen, nachdem er jeden einzelnen Aspekt erläutert habe. Es gibt die alles durchdringende Gotteskraft, die alles erschaffende Gotteskraft und die aus sich selbst werdende Gotteskraft. Das alles sei in der III. Sphäre, der Sphäre von „Gotteskraft von Avalochitesvara-Rochalla."

Alle drei saßen im Palast von Knossos und genossen die kühle Brise des Abendwindes. Der Avalochitesvara-Stern und die Atman-Seele beleuchteten die Nacht und blinkten auf, so dass es schien, als wäre Avalochitesvara-Rochalla bei ihnen. Der Avalochitesvara-Stern und die Atman-Seele bildeten eine Einheit. Der Vollmond erstrahlt in seiner Blütenpracht. Amenemhet IV. fragte Guru Nanak, wie er ihn ansprechen soll: Lama, Guru, Lehrer, Meister oder Mentor? Es komme darauf an, welchen Weg er einschlagen möchte, sagte Guru Nanak. Den Weg des Avalochitesvara-Sterns gehen, bedeute, alle 178 Aspekte kennenzulernen, das globale-Gitternetz aufzubauen und den Energiefeldaufbau zu praktizieren. Er müsse dann 3 Sphären und 3 Ebenen lernen. Wichtig seien die Taras und Buddhas, der Klare Geist von Avalochitesvara-Rochalla und die Atman-Seele, Gotteskraft und die Allmacht.

Die Karmastufe dürfe nicht unter 100 sein. Karma ist die Absicht, das Wort, der Gedanke und die Tat. Das führe unweigerlich zu den Haupt- und Nebenhöllen

Ptah Nofru bat Guru Nanak, sie als Schülerin anzunehmen und sie zu lehren. Könne es sein, dass sie versuchen sollte, Karma so schnell wie möglich abzubauen? Wie könne sie wissen, ob sie Karma habe und wie geht das, Karma abbauen?

Guru Nanak antwortete ihr, dass Karma nicht von Avalochitesvara-Rochalla weggewischt werden kann. Das müsse sie auf ihrem eigenen Weg lernen und regelmäßig anwenden. Er würde ihr beibringen, welche Meditation dafür wichtig und welche Gebete die Voraussetzung dafür sind. Sie müsse wissen, dass weder ihr Guru noch Gott ihnen das abnehmen könne. Die Meditation heißt „Durchgang durch die Schlucht".

Kaiser Amenemhet IV. wollte Gespräche mit Avalochitesvara-Rochalla führen. Guru Nanak habe jahrzehntelange Erfahrungen damit, mit Gott zu reden. Er habe es bisher aber noch nicht erlebt, dass ein Schüler ,"Gespräche mit Gott" erlernen wolle. Der erste Schritt ist, Fragen zu stellen, Bereitschaft und Offenheit und viel Zeit sind die Grundvoraussetzungen dafür. Es ist wie ein Gebet, aber dennoch viel mehr. Guru Nanak habe auch schon Gespräche mit Gott führen wollen, aber ohne Erfolg. Gott ist Avalochitesvara Rochalla-Stern, er ist alles.

Das erste, was wirklich wichtig sei, so Guru Nanak, sei die Meditation „Durchgang durch die Schlucht.". Er muss ihnen aber mitteilen, dass es ihm nicht erlaubt ist, auch nur Anteile dieser Meditation an seine Schüler weiterzugeben. Er selbst kennt nur einen Teil davon, die Energiefeldaufstellung am Anfang und der Gitternetzaufbau am Schluss. Die Meditation „Durchgang durch die Schlucht" ist so gefährlich, dass selbst Avalochitesvara Rochalla sie nicht ausführen würde.

Es gibt nur eine Kraft im Universum, die gegen die Schwarzen Löcher im Kosmos ankämpfen kann. Das ist die Grüne Tara und die Schwarze Diamant Tara. Die Grüne Tara und die Schwarze Diamant Tara würden jedes Mal ihr Leben aufs Spiel setzen, wenn sie die Meditation Durchgang durch die Schlucht vollziehen. Rochalla die Kämpferin setzte geistige Waffen ein, die sie als Geschenk von Avalochitesvara erhalten hatte. Die zentrifugale und spiralförmige Kraft würde Mahakalla TD nach unten und gleichzeitig in eine Art Kreis ziehen. Er würde nicht mehr in der Lage sein, sich daraus zu befreien.

Wenn Durchgang durch die Schlucht so gefährlich ist für Leib und Leben, wollte Amenemhet IV. sie erst gar nicht kennenlernen. Es scheint ja so, als würde Avalochitesvara Rochalla sie auch nicht kennen und anwenden. Nur die Schwarze Diamant Tara war im Besitz der geheimen Waffen. Lediglich Rochalla die Kämpferin wusste, wie man sie anwenden konnte, damit sie ihre Wirkung entfalten konnten. Die Energiefeldaufstellung und der Gitternetzaufbau sind zweimal im Durchgang durch die Schlucht enthalten. Es sieht aus wie ein Gitterkreuz mit 8 Feldern bzw. 8 weißen Rauten.

Der erste Tag der Avalochitesvara-Rochalla-Lehre war vergangen. Guru Nanak hatte Amenemhet IV. angeboten, seine Zeit mit ihnen auf Kreta zu verbringen und beide zu unterrichten. Die Dienerinnen im Palast hatten ein typisches griechisches Essen aus Oliven, Salat und Brot zubereitet. Niemand sprach ein Wort. Die Stille am Nachthimmel und die Stille im Palast von Knossos korrelierten miteinander. Beide waren sich dessen bewusst, dass sie bei sich selber anfangen müssen und negatives Karma in positives verwandeln müssen durch die Meditation und durch die Gebete. Unwissenheit ist das gröbste Übel, dass sie mit den Wurzeln ausreißen müssen. Sie sind froh, dass Guru Nanak noch lange bei ihnen sein wird. Die erste Lektion war lediglich das Kennenlernen der Struktur des Avalochitesvara-Rochalla-Sterns.

Guru Nanak war mit den Upanischaden großgeworden. Er hatte sich davon abgewendet und die Sikh-Religion begründet. In Indien trug er den Dastar, den Turban für Sikhs. „Der Schöpfer wird als unermesslich, bedingungslos, liebend, unendlich, unfassbar, namenlos, geschlechtslos und formlos beschrieben. Naam oder Shabt heißt Gotteskraft. Das heilige Buch hatte er verfasst. Die Sikh-Religion vereint drei wesentliche Naturen: Transzendenz, Omnipotenz und Immanenz. Das ist die Dreifaltigkeit Gottes.

Ptah Nofru war 25 Jahre alt, als sie im Palast von Knossos an der ersten Lektion von Guru Nanak teilnahm. Es bereitete ihr keine Schwierigkeiten, die Struktur des Avalochitesvara-Rochallas-Sterns zu verstehen. Sie war gespannt darauf, wie Guru Nanak die nächsten Lesungen vorbereiten würde. Die ägyptischen Götter sind sehr verschieden vom Avalochitesvara-Rochalla-Stern. Sie sind im Dewachen (tibetisch), ACH (ägyptisch) oder im Paradies (deutsch). zu finden. Nur der Hinduismus (Göttin Kali) kennt die Reinkarnation der Atman-Seele, aber nicht die Gleichzeitigkeit von Atman-Seele (Rochalla) und Klarem Avalochitesvara-Geist. Als Tochter der Göttin Isis hatte sie Einweihungen in die Alte ägyptische Religion erhalten. Sie kannte alle Hieroglyphen und sprach mehrere Sprachen. Ptah Nofru war eine Schönheit unter den Prinzessinnen am Hofe. Ihre Schönheit und Klugheit hatte sie von Göttin Isis geerbt.

Sie war früh dazu auserkoren, das Erbe ihrer Mutter und ihres Vaters anzutreten. Strenge Lehrer gehörten zu ihrem Alltag, die ihr das ägyptische Wissen über Leben und Tot beigebracht hatten. Zu ihrer ersten Lektüre zählte das „Ägyptische Totenbuch". Das Wissen über das Dies- und Jenseits gehörte bereits im Jugendalter zu ihrem Leben. Das Jenseits hatte schon früh seinen Schrecken verloren. Ptah Nofru beschäftigte sich intensiv mit Gott Maat. Kommt ein im Sterbeprozess befindlicher zur Gott Maat und ist sein Herz schwerer als sein rechter Flügel, kommt er nicht Ach, Dewachen, Paradies. Das ist die Karmalehre im Alten Ägypten. Gott Maat ist ein Aspekt der Göttin Isis. Sie wacht über das Totenreich und sie beseitigt das Chaos, sorgt für Ordnung, Struktur und Gerechtigkeit.

Prinzessin Ptah Nofru

Ptah Nofru war vom Schöpfergott Ptah inspiriert. Ihm galt ihr größtes Interesse in der altägyptischen Götterwelt. Schöpfergott Ptah trug ein Wazepter in seiner rechten Hand. Hier entstand die rubin-rote Lebensenergie. Er bezog hieraus seinen Namen. Er gab die Lebensenergie und Gotteskraft an den A-pitz-Stier weiter, der zwischen den Hörnern ein weißes Dreieck trug. Hervorstechend war die Decke aus dem rautenförmigen Gitternetz. Jeder Aspekt des Apitz-Stiers wurde von Ptah, dem Schöpfergott, mit der Lebensenergie und mit seiner Gotteskraft gespeist, so lange, bis seine Lebensenergie aufgebraucht war.

Kaiser Amenemhet IV. und Göttin Isis wünschten ihrer Tochter nach der Geburt die Lebenskraft des Schöpfergottes Ptah. Sie wurde schon früh in Ptah, ihrem Namenspatron, eingeweiht, um ihm mit Opfergaben zu huldigen.

Der Apitz-Stier verlangte nach immer mehr Gotteskraft und Lebensenergie und Ptah stand vor einem
Dilemma, das er bis heute nicht auflösen konnte.
Um seine eigene Gotteskraft zu schützen, drehte
er den Hahn für den Apitz-Stier zu. Bis heute dauert der Zwist um die Gotteskraft an.

Altar Bibliotheken Alexandria Kindheit

Die Prinzessin schenkte dem Schöpfergott Ptah von ihrer Aufmerksamkeit und Zeit. Bereits mit 9 Jahren war sie für den Altar verantwortlich. Sie stellte Kerzen, Blumen, Weihrauch und Sandelholz, Wasser und Reis darauf. Gott Ptah errichtete seine Lebensenergie und Gotteskraft neu auf. Prinzessin Ptah Nofru hatte eine Leidenschaft, die sie ebenfalls in diesem Alter begann. Täglich zog es sie in die verschiedenen Bibliotheken von Alexandria. Sie verschlang die Bücher und sie ließ nicht nach, soviel wie möglich aus anderen Ländern – besonders dem dem Orient – zu lesen. Mit den Opfergaben an Gott Ptah stabilisierte sie ihr Karma. Sie las das Buch „Die Geheimnisse der verschollenen Stadt" und wie der Fluss Ganges seinen Namen bekam. Die Prinzessin nahm sich viel Zeit für die Dinge, die sie draußen verbringen konnte. Ihre Schönheit und Klugheit wurde dadurch ergänzt, dass sie gelernt hatte, zu tanzen und ihren Körper biegsam zu halten. Ihre Erscheinung, ihr schlanker Körper, ihr Wissen und ihre Gebete waren makellos.

Alle positiven Eigenschaften verband sie mit ihrem positiven Karma. Sie log nicht. Sie studierte die heiligen Bücher, ihre Gedanken, Worte und Taten waren rein von Karma. Sie liebte ihre Mutter von ganzem Herzen, so wie auch die Liebe zu ihrem Vater rein war. Ptah Nofru war sich ihrer Verantwortung für das Leben im Palast von Knossos und in Alexandria bewusst. Sie war in der Lage, auch in Abwesenheit ihrer Eltern, den Palast von Knossos zu führen. Eine Dienerschar kümmerte sich um das Haus und das Essen. Prinzessin Ptah Nofru hatte genügend Zeit, ihren Interessen nachzugehen.

Das Studieren der Bücher konnte sie nicht vergleichen mit der mündlichen Belehrung von Guru Nanak, der selber schon mehrere Bücher geschrieben hatte. Die mündliche Überlieferung seiner

Avalochitesvara-Rochalla-Lehren war nicht vergleichbar mit dem Lesen der heiligen Bücher. Die Struktur des Avalochitesvara-Rochalla-Sterns war ihr nun vertraut. Sie wollte gerne Näheres über die Ebenen erfahren, über die Schwarze Diamant Tara, die Lebensenergie und Gotteskraft und Buddha, den Klaren Avalochitesvara-Geist. In Ägypten sprach man von KA, BA, ACH. Es gab über 178 Aspekte des Avalochitesvara-Geistes. Sie war sehr gespannt darauf, alle 3 Ebenen und 3 Sphären kennenzulernen. Die Taras bauten die Lebensenergie und die Gotteskraft immer wieder auf. Es sind dies namentlich: Grüne Tara, Dorje Sempa und die Schwarze Diamant Tara. Jede Tara hatte eine Funktion, zusammen mit den Emanationen bildeten sie eine Einheit. Ptah Nofru wollte gerne etwas Näheres von Guru Nanak über das ACH wissen, über den Klaren Geist von Avalochitesvara-Rochalla und über alle Facetten des Sterns.

Ihr Vater Amencmhet IV wollte die Bedrohung durch Mahakalla TD für alle Zeiten beseitigen.

Seine Familie und sein Volk wurde durch diese Dämonen einer großen Gefahr für Leib und Seele ausgesetzt. Göttin Isis unterstützte ihn in seinen Bemühungen, Mahakalla zu beseitigen. Es gab kein Allerheilmittel dagegen. Mahakalla TD wurde eher noch gefährlicher und hinterließ pure Zerstörung im Land. Verwüstung und Chaos waren seine Handschrift. Amenemhet IV. wollte sich hauptsächlich mit dem Avalochitesvara-Rochalla-Stern beschäftigen. Die Lehre des Avalochitesvara-Sterns war die Basis für die Entfernung von Mahakalla TD.

Avalochitesvara-Rochalla kämpfte einen schier aussichtslosen Kampf gegen die Dämonen, die ihr Terrain immer weiter ausdehnten. Amenemhet IV. schöpfte Hoffnung, als er von Guru Nanak und von der Meditation Durchgang durch die Schlucht hörte. Es gab keine schriftlichen Aufzeichnungen darüber. Er hatte vor, Guru Nanak zu bitten, Mahakalla TD zu entfernen und ins Schwarze Loch des Kosmos zu werfen. Guru Nanak bat beide am nächsten Tag, die Augen zu schließen und danach zu berichten ob und was sie gesehen hatten. Sie sollten das Energiefeld aufbauen und zwar am Anfang und am Ende der Meditation. Das heilige Gitternetz baut sich rautenförmig auf. Es ist wie bei einer Sinuskurve strukturiert. Es ist stark und zart, transparent und transzendent, weiß und magisch. Das heilige rautenförmige Gitternetz ist über den gesamten Globus gespannt. Man könnte es mit einem Netz voller Orangen vergleichen. Vater und Tochter sahen nun mit geschlossenen Augen das heilige globale Gitternetz. Die Energie floss in verschiedene Richtungen – senkrecht, diagonal, spiralförmig und waagrecht. Guru Nanak bat beide, die Energieformen in den Abendstunden noch einmal zu studieren.

Durchgang durch die Schlucht entfernt Mahakalla TD. Guru Nanak wollte Schritt für Schritt vorgehen. Er habe sich mit Avalochitesvara Rochalla abgestimmt, an welchem Tag welcher Teil der Meditation Durchgang durch die Schlucht besprochen werden soll.

Amenemhet IV. und seine Tochter versicherten ihrem Guru, dass sie sich intensiv damit beschäftigen werden. Das Wichtigste sei, Mahakalla TD. zu entfernen, damit das Land und das Volk befreit würde von diesem Dämon.

Der heilige Guru Nanak bat die beiden, ihm ihre Fragen zu stellen Im Mittelpunkt stand die Meditation „Durchgang durch die Schlucht". Sie waren daran interessiert zu erfahren, auf welche Art und Weise sie die geistigen Waffen aus der geistigen Welt erhalten können, ohne die die Säuberung von Mahakalla TD nicht gelingen werde. Das gehe leider nicht, sagte Guru Nanak. Die geistigen Waffen erhielt er während der Meditation Durchgang durch die Schlucht. Die geistigen Waffen würden aber nachhaltig Mahakalla TD entfernen. Danach kommt das Entfernen von Mahakalla TD ins

Schwarze Loch des Kosmos. Die Schwarzen Löcher des Kosmos sind in jeder Galaxie zu finden, manchmal auch mehrere. Sie haben eine ungeheure Sogwirkung nach innen und nach unten. Die Schwarzen Löcher des Kosmos sind deshalb so gefährlich und zerstörerisch, weil sie die positive heilige weiße Energie des Gitternetzes mit in die Tiefe reißen und zerstören würden.

Nach der zweiten Sitzung mit Guru Nanak teilten sie das Abendmahl miteinander. Beide stellten fest, dass der Energiefeldaufbau nicht so schwierig sei. Guru Nanak versicherte ihnen, dass er all das lehren würde, was er von der Avalochitesvara-Rochalla-Lehre weiß. So bedrohlich Mahakalla TD auch sei, müsse er nun mit den drei Ebenen beginnen. Die stärkste Kraft sind die Taras in der 4. Ebene. Sie stellen die Lebensenergie und Gotteskraft zur Verfügung. Im Kampf gegen Mahakalla TD ist die Grüne Tara an vorderster Front. Ihre Farben sind smaragd-grün türkis-blau. Sie gehört zum Klare-Geist von Avalochitesvara-Rochalla.

Besonders die Prinzessin war daran interessiert, näheres über die Taras zu erfahren. Die Grüne Tara war erprobt im Kampf gegen Mahakalla TD. Dorje Sempa war für die Heilung zuständig, sie ist Rochalla die Heilerin. Ihr 100-Silben-Mantra endet mit „OM BENSA SATO HUNG" Die Diamant Tara bewegte sich zwischen Grüner Tara und Dorje Sempa und baute die Energiefeldaufstellung und das magische Gitternetz auf, eine Energie, die sie mit der Schwarzen Diamant Tara teilte. Die Schwarze Diamant Tara erhielt ihre Kraft von allen anderen Taras. Ihre Zahl war die 15 und sie war in der Lage, Magie auszuüben.

Es gab keinen feststehenden Platz für die Taras, auch nicht für Wangshuk Doelma, die sich am äußeren Rand bewegte und auch den Namen „Allmächtige Befreierin" trug.

Guru Nanak erläuterte weiter, dass die Energie der Gotteskraft von den Taras hin zu BA, der Atman-Seele, fließen würde. Die Lebensenergie der

Taras war im ständigen Austausch untereinander. Er habe vernommen, dass die Grüne Tara von Nord-Europa bis nach Tibet verehrt würde. Die Göttin Dorje Sempa vereine Weisheit und Schönheit. Ihre Energie war in der Lage, Avalochitesvara-Rochalla zu heilen und im Sterbeprozess befindliche Menschen auf ihrem letzten Weg zu begleiten. Die Rituale hatte Ptah Nofru von ihrer Mutter Isis geerbt. Göttin Isis war in der Lage, Sterbende wieder zu befreien und zurück ins Diesseits zu führen. Gott Maat war zuständig für die Gerechtigkeit. Er fällt die Entscheidung, welcher Sterbende ins Paradies kommt und wem die Pforten aufgrund von negativem Karma für immer und ewig verschlossen bleiben.

Die Nähe zur Mutter Isis führte dazu, dass ihre Tochter Ptah Nofru in alle Einzelheiten des Ritus eingeweiht worden war. Hier wie dort musste sie das Geheimnis bewahren und alle Kultgegenstände mit einem Siegel versehen. Die Göttin Isis wurde als die Mutter aller Taras verehrt. Sie gab ihr Können gerne an ihre Tochter weiter.

Guru Nanak war sehr daran interessiert, nähere Details über die Göttin Isis zu erfahren. Von diesem Moment an huldigte er der Göttin. Göttin Isis war nicht nur im Ritus erfahren, sondern auch in den politischen Belangen ihres Mannes eingeweiht. Sie war berühmt für ihre Schönheit, eine strahlende Aura umgab sie. Guru Nanak bat Amenemhet IV., dass er die Göttin Isis gerne kennenlernen wollte. Freudig berichtete Amenemhet IV., dass diese schon auf dem Weg nach Kreta zum Palast von Knossos sei. Sie hatte das Schiff genommen, um von Alexandria nach Kreta und von dort zum Hafen Chania zu kommen. In Kürze würde sie dort eintreffen.

Die Ebene 4 sei die einzige Ebene, die nur weibliche Energien hat, diie der Taras. Die anderen Ebenen und Sphären des Avalochitesvara-Rochalla-Sterns seien männlich. In der Sikh-Religion gehe er davon aus, dass der Schöpfergott sowohl männlich als auch weiblich sei. Die Taras stellen eine Verbindung zu den Menschen her. Avalochitesvara-Rochalla und die Taras stehen in enger Verbindung miteinander. Die Taras haben eine Vermittlerrolle von Anbeginn an, seitdem der Avalochitesvara-Rochalla-Stern entstanden ist. Die Göttin Isis spiele dabei eine hervorragende Rolle. Sie liebte ihre Tochter Ptah Nofru sehr und teilte eine tiefe Verbundenheit mit ihr. Nichts in dieser Welt konnte sie so tief bewegen, wie die Anmut ihrer Tochter Ptah Nofru, von ihrer Prinzessin. Sie teilte ihre Liebe mit ihrem Gatten, der sie ebenfalls abgöttisch liebte. Göttin Isis war bestrebt, ihrem Gatten in der Beseitigung von Mahakalla TD zu unterstützen. Sie war glücklich darüber, dass Guru Nanak auch sie in den Ritus von Durchgang durch die Schlucht einweihen wollte.

Göttin Isis sei bereits mit der Grünen Tara, die für den Ritus Durchgang durch die Schlucht zuständig war, bekannt. Die Grüne Tara unterstütze den Klaren Avalochitesvara-Geist mit ihren smaragd-grünen türkis-blauen Energien. Ihre Aura, ihre Strahlen, sind magisch und sie sei in der Lage, Wunder zu vollbringen. In der Ausübung ihres Amtes wird sie von 21 Emanationen unterstützt. Die Grüne Tara sei so kraftvoll, dass sie es sogar mit Mahakalla TD aufnehmen könne. Sie war es, die den Durchgang durch die Schlucht entwickelt hatte. Sie lernte alle Stationen autodidaktisch kennen. Aufgrund ihrer Fähigkeiten, das Energiefeld sehen zu können, wusste sie, ob Mahakalla TD im Energiefeld ist und wenn ja, dass sie gegen die schwarze Materie ankämpfen müsse. Jeden Schritt, den die Grüne Tara auf ihrem Weg durch die Schlucht vollzog, konnte sie im Energiefeld nachvollziehen. Das Wissen über Durchgang durch die Schlucht in falscher Hand könnte bewirken, dass Durchgang durch die Schlucht seine Kraft verlieren würde. Es gab nur eine Person, die so unschuldig und rein war, dass sie das Wissen über Durchgang durch die Schlucht teilen wolle. Die

Tochter von Göttin Isis und Amenemhet IV., die Prinzessin Ptah Nofru.

Ptah Nofru ist nicht mit Muttermilch großgeworden, sondern mit der Liebe von Mutter Isis und Vater Amenemhet IV. Sie ließen ihr alle Freiheiten dieser Welt, um heranzureifen bis zu der Person, die Guru Nanak kennenlernen durfte. Ptah Nofru kannte keine Scheu vor anderen Menschen, auch wenn sie noch so fremdartig aussahen. Nicht nur die Anmut ihres Körpers, nein auch die Klarheit ihres Geistes ließen die Menschen aufhorchen. Ihr Klarer Geist war geschliffen, wie ein Diamant und sie war in der Lage, alle Facetten eines Diamanten gleichzeitig zu visualisieren und jedem Diamanten eine andere Farbe zuzuordnen. Sie testete alle Gegenstände in ihrer Umgebung danach, ob sie diese für ihre Visualisierungen verwenden könne.

Mit der Zeit war sie in der Lage, alle Facetten gleichzeitig zu sehen in der inneren Schau. Die Übung war so stark, dass sie auch ihre Stimme dazu nehmen konnte. Das Erklingen ihrer Stimme ließ alle aufhorchen. Sie war Ausdruck ihres Resonanzbodens, der so manches Mal auch ihren gesamten Körper vibrieren ließ. Sie war in der Lage, die Stimmen anderer Wesen zu vernehmen. Sie liebte die Sphärenmusik, die für sie ein Geschenk des Himmels war. Ptah Nofru liebte diese Männerstimme, die wie aus einer göttlichen Welt zu ihr kam. Sie probierte alles aus und nahm sich sehr viel Zeit, um diese zu imitieren. Mit 9 Jahren war sie in der Lage, selber so zu singen, dass Vater und Mutter in ihrer Liebe zu ihrer Tochter dahin schmolzen. Ptah Nofru wollte auf jeden Fall, dass ihre Eltern Freude empfanden, wenn sie ein schönes Lied sang und ihre Stimme vibrieren ließ.

Beide hatten aufgehört, die Jahre zu zählen, die sie mit ihrer Tochter verbringen konnten. Ptah Nofru liebte es, am Meeresstrand zu sein und Sand und Muscheln zu sammeln. Besonders die winzigen Steine faszinierten sie. Sie benutzte Bücher dazu, eine andere Welt kennenzulernen, um diese in ihre Visualisation zu integrieren. Es gab nichts in ihrer Welt, was sie nicht dazu verwendete, um ihren Klaren Geist zu schulen.

Ptah Nofru – Alexandria

Sie war nach einiger Zeit in der Lage, jede Muschel und jedes Sandkorn und alle Steine an ihren richtigen Platz zu legen. Bevor sie zur Bibliothek ging, legte sie ein Mandala mit den Dingen, die sie kurz zuvor am Strand oder im Garten gefunden hatte. Sie legte das Mandala nach einem bestimmten Muster, das immer gleich blieb. Farben und Größe spielten dabei eine große Rolle. Die Energie, die das Mandala ausstrahlte, war schön, die Energie schwang und alles hatte seinen Platz, so als wüssten die Muscheln und Steine, wohin sie gehören. Einige besonders gelungene Mandalas zeigt sie ihren Eltern, um zu testen, ob diese in der Lage seien, die Schönheit der Dinge wahrzunehmen. Wochenlang konnte ihre Prinzessin in Trance gehen, immer dann, wenn sie in einer Malphase war. Die Eltern waren darauf bedacht, sie nicht zu stören, wenn sie ihre Farben mischte und voll Elan das malte, was sie gerade in ihrer Inneren Schau sah.

Ptah Nofru ordnete alles ihrem Bemühen unter, mit ihren Händen eine neue Welt zu kreieren.

Ptah Nofru verlor jegliche Orientierung nach außen. Es gab keine Zeiten, wann sie beginnen und wann sie ein Bild beenden wollte. Sie kannte kein Hungergefühl, ja sie vergaß sogar die Liebe zu ihren Eltern. Die Eltern schufen Raum und Zeit für sie, um sie in ihrer Schaffensphase zu unterstützen. Sie versuchten das zu verstehen, was Ptah in ihren Visualisierungen sah mit ihrem Klaren Geist. Es gab immer wieder Momente, in denen ihre Tochter wieder alles wegwarf, weil sie nicht heranreiche mit ihren Bildern, Mandalas und ihrer Stimme. Ptah Nofruu konnte sehr unnachsichtig mit sich selbst sein, wenn es nicht stimmte. Sie wurde richtig zornig, wenn es ihren Vorstellungen von Schönheit nicht entsprach. Das Problem lag nicht daran, genug Phantasie und Kreativität zu haben, um das Vorbild aus der geistigen Welt nachzuvollziehen. Ihr klarer Verstand setzte manchmal aus, wenn sie zu viel und in ganz kurzer Zeit alles auf das Papier bringen wollte.

Im Schreiben und Malen der Hieroglyphen kannte sie diese Phasen. Sie war so vertieft, dass sie die Welt um sich herum nicht mehr wahrnahm. Sie las und schrieb nicht nur, sondern verfasste schon früh eigene Texte und Gedichte. Hatte sie ihr Werk vollendet, schlenderte sie durch den Garten mit seiner Blütenpracht hin zum Meer. Das Blütenmeer war ein großes Geschenk für sie. Die Sonne badete in der ruhigen See und spiegelte sich im Wasser. Sonnenuntergang und Spiegelung übten eine große Faszination auf sie aus. Sie war sehr glücklich, zufrieden und erfüllt von diesem wunderschönen Tag. Sie war sich bewusst, dass ihre Kindheit und Jugend etwas ganz Besonderes war und sie wollte nicht einen Moment davon missen. Sie hatte die Gewissheit, dass das Visualisieren eine gute Schulung für ihren Klaren Geist war.

Jeden Tag begann Ptah Nofru damit, den Altar, den sie liebevoll aufgebaut hatte, frisch zu gestalten. Es gab keinen festen Ritus, sondern wichtig war ihre Eingebung, was an welchem Platz gehörte und welche Farben zusammenpassten. Sie sprach mit ihrer inneren Stimme und klärte im Gespräch alles ab, was wichtig war. Es waren keine Gebete, wie sie es von den Eltern kannte, sondern Zwiegespräche mit ihrer und seiner Seele. Sie hatte den Namen Rochalla erhalten, als sie an einem Nachmittag durch die Straßen Alexandrias schlenderte. Erst spät erfuhr sie von Avalochitesvara-Rochalla, dass seine Atman-Seele Rochalla hieß.

Ptah Nofru – Lungenentzündung Mahakalla TD

Ptah Nofru's Seele vibrierte und sie war nicht in der Lage, Ruhe zu bewahren. Sie verließ ihren Raum und suchte den sicheren Hafen auf, die Mutterliebe von Isis. Göttin Isis breitete ihre Arme aus, die sie wie große Flügel umgaben. Da war die Ruhe und die Zärtlichkeit, nach der sie sich sehnte und die sie so dringend brauchte. Göttin Isis streichelte ihren Haarschopf und fühlte und ahnte mehr, was ihre Tochter bewegte. Alles verlief mit einem großen Schweigen. Ptah Nofru begann zu zittern und sie ließ ihren Tränen freien Lauf. Göttin Isis wusste, was ihre Tochter so erschütterte. Mahakalla TD hatte sich auf die Seele ihrer Tochter gelegt und er begann damit, diese fertig zu machen. Kalte, nackte Angst jagte Ptah Nofru über den Rücken. Sie konnte nicht mehr frei atmen, so sehr attackierte Mahakalla TD ihre Seele, die sonst frei war. Ihre Tochter wurde von Mahakalla TD übelster Sorte heimgesucht.

Tod und Teufel wollten die Seele ihrer Tochter vernichten und mit Stiel und Stumpf ausrotten. Göttin Isis begann, ein Wiegenlied für Ptah Nofru zu singen und sie wiegte sie mit dieser leisen Melodie in den Schlaf. Keine Furcht vor Mahakalla TD, Dämonen, Halunken und Tyrannen konnte ihrer wohlklingenden Stimme den Garaus machen. Göttin Isis kannte Mahakalla TD-Attacken und wusste ganz genau, was ihre Tochter gerade durchmachen musste. Das Einzige, was ihr Halt geben konnte war, ihr Halt und Wärme zu geben.

Die Seele muss frei sein, um aus ihrem Körper fliegen zu können. Sie wiegte ihre Tochter in den Schlaf und kontaktierte die Grüne Tara. Sie sagte ihr, dass die Mahakalla TD-Attacke so gravierend sei, dass sie um Hilfe von allen Taras ersuche. Folgendes Phänomen sei bei ihr festzustellen: Sie könne nicht mehr atmen. Die Atmung sei so blockiert, dass sie um das Leben ihrer Tochter bange. Göttin Isis sagte zu allen Taras, die sich zu der Konferenzschaltung eingefunden hatten, dass sie eine giftig aussehende grünwabernde Energie auf der Brust ihres Kindes wahrgenommen hatte. Sie habe sofort Rituale angewandt, um ihreTochter vor der zerstörenden schwarzen Energie zu schützen. Sie sei nun mit ihrer Litanei am Ende und bitte die Grüne Tara um baldmögliche Hilfe. Folgendes hätte sie bei der Seele ihrer Tochter festgestellt: die Energie verliefe schwarz und spitz von links nach rechts. Ptah Nofru sei im Moment nicht mehr in der Lage, das heilige weiße rautenförmige Gitternetz wieder aufzubauen. Es bestehe die Gefahr, dass aus der Verletzung durch Tod und Teufel ein Loch entstanden sei. Wenn nicht bald etwas geschehe, müsse Ptah Nofru sterben.

Die Grüne Tara bat Dorje Sempa um sofortige Heilung. Dorje Sempa hat 120 Emanationen um sich herum. Die Grüne Tara sagte zu Göttin Isis, sie möge weiter Wiegenlieder singen und ihr Kind im Arm wiegen. Als Erste-Hilfe-Maßnahme müsse sie ihren rechten Mittelfinger in die Halskuhle legen und pulsierend so lange draufhalten, bis das Kinder wieder beginne zu atmen. Das dauert ca. 15 Minuten. Mit allen anderen Taras zusammen werde sie so oft den Durchgang durch die Schucht praktizieren, bis sich Mahakalla TD vernichtend geschlagen gäbe. Göttin Isis möge auch Amenemhet IV. bitten, seine Arme um die Tochter zu legen und sie zu schützen. Beide mögen das Mantra der Grünen Tara die ganze Nacht hindurch visualisieren, Buchstabe für Buchstabe. „OM TARE TU TARE TURE SOHA" Das Mantra müsse wie bei einem Gitterkreuz visualisiert werden. Beim zweiten Mal müssen sie auf die Position sechs gehen und das nächste Mal dort neu beginnen.

Die gemeinsame Anstrengung aller zeigte nach einiger Zeit ihre Wirkung. Ptah Nofru begann nach einiger Zeit mit den Augen zu zwinkern, atmete in dem Rhythmus ihrer Eltern, das Brustbein hob und senkte sich und sie begann, sich vorsichtig zu bewegen. Ein leises Lächeln ließ auch die Eltern wieder durchatmen. Das Schlimmste war überstanden, Tod und Teufel war ins Boxhorn gejagt worden. Die Grüne Tara bat alle Drei, im gleichen Raum zu bleiben, um den Schutz gegen Mahakalla TD aufrechterhalten zu können.

Nur die geballte Kraft der Tara-Energien und der Eltern haben das Leben ihres Kindes gerettet. Die zarte und empfindsame Seele ihrer Tochter würde sich von dem Horror der vergangenen Tage wieder erholen. Der Schock saß aber tief. Dorje Sempas Heilung war lindernd für die Seele der ganzen Familie. Die konzertierte Aktion war erfolgreich. Rochalla die Kämpferin und Rochalla die Heilerin hatten den Sieg davongetragen. Die Eltern leisteten ihren Beitrag dazu.

Der Leidensweg war für Ptah Nofru noch nicht beendet, auch nicht nach dem Abklingen der akuten Lungenentzündung. Alle Atemwege waren blockiert, Lunge und Bronchien so stark, dass sie auch nach vier Wochen noch unter den Folgen der Krankheit zu leiden hatte. Ihre Energie war bis fast auf den Nullpunkt gesunken. Sie konnte nicht mehr durchatmen und es gab immer wieder Situationen, in denen sie nichts mehr machen konnte, außer sich ablenken. Das Schlimme für Ptah Nofru war, dass sie keine Energie mehr hatte, weder für Schreiben, Malen, und Gespräche, noch für ihren Altar. Vater und Mutter berieten sich und kamen zu dem Schluss, dass ihre Tochter am besten auf der griechischen Insel Kreta genesen würde. Der Palast auf Knossos war sehr gut dafür geeignet, die Lungenentzündung auszukurieren. Ptah Nofru liebte diesen Ort und sie kam Schritt für Schritt wieder zu Kräften.

Ptah Nofru, ihr Augenstern, Seele von Mensch und ein Engel dazu. Ihre Eltern konnten sich kaum davon erholen, Mahakalla TD hatte tiefe Spuren in der gesamten Familie Nofru hinterlassen. Amenemhet IV. sprach mit Göttin Isis darüber, dass Guru Nanak auf Kreta sei und dafür berühmt ist, über den Avalochitesvara-Rochalla-Stern zu lehren. Er habe eine Methode entwickelt, sich vor Mahakalla TD zu schützen, und, wie bei ihrer Tochter, von den Folgen zu befreien. Göttin Isis und Amenemhet IV. kamen darin überein, mit Guru Nanak Kontakt aufzunehmen. Ihre Tochter stimmte mit ihnen überein. Sie wollte so schnell wie möglich von dem Ort des Schreckens weg. Ein Monat danach begann die Krankheit abzuklingen und sie konnte sich eine Fahrt mit dem Schiff zur griechischen Insel Kreta vorstellen. Die Eltern wechselten sich ab, damit ein Teil immer mit Ptah Nofru zusammen sein konnte. In erster Linie kam es ihnen darauf an, dass Ptah Nofru wieder gesund würde. Ptah litt immer noch unter der Rekonvaleszenz. I

Kreta – Ptah Nofru und Guru Nanak

Prinzessin Ptah Nofru lauschte gespannt den Worten ihres Gurus. Es gab eine Linie der Buddhas, die in zeitlicher Reihenfolge erschienen mit einem Abstand von 2000 Jahren. Sie war sehr an dem Thema Einweihung interessiert und an Erleuchtung, dem Zustand, in dem der Klare Geist frei von Mahakalla TD ist. Buddha Shakiamuni erlangte die Erleuchtung und danach Buddha Avalochitesvara 1000-armig. Ptah Nofru bat Guru Nanak darum, sie in den Avalochitesvara-Rochalla-Stern einzuweihen. Sie wünschte sich nichts sehnlicher als die Befreiung von Mahakalla TD. Guru Nanak prüfte Prinzessin Nofru und sprach mit den Eltern. Er stimmte die einzelnen Modalitäten mit Ihnen ab. Er nahm sie als Schülerin an und begann sogleich damit, einen Lehrplan aufzustellen. Sie war von ganzem Herzen dankbar, dass er sie unterrichten wollte.

Die Übungen begannen morgens um 4:00 Uhr. Danach gab es eine Pause von 4 Stunden, in der sie sich mit Schreiben und Malen beschäftigte. Danach lehrte Guru Nanak sie. Nach diesen intensiven Phasen gab es wieder eine längere Pause. Sie ruhte sich aus, ging spazieren oder las in den Büchern, die Guru Nanak ihr gegeben hatte. Er schrieb weiter an seinem Buch, das er so bald wie möglich veröffentlichen wollte. Seine Schüler und Schülerinnen warteten in Indien, seinem Heimatland, bereits darauf. Wer hätte gedacht, dass er so lange Jahre auf der Insel Kreta leben würde und sowohl der Tochter als auch den Eltern Belehrungen geben würde.

Die Unbeschwertheit und Selbstvergessenheit ihrer Kindheit konnte Ptah Nofru nicht wieder zum Leben erwecken. Nach kurzer Zeit legte sie sich wieder auf das Sofa und ruhte sich aus. In Alexandria wäre sie zum Meer gegangen, hätte sich mit ihren Freunden und Freundinnen getroffen und gemeinsam Spiele am Strand ausgedacht. Immer war sie es, die am längsten laufen konnte, am schnellsten schwamm und die alle anderen zum Lachen brachte.

Nun gab es keinen Tag, an dem sie nicht daran erinnert wurde, dass Tod und Teufel sie bereits in seinen Krallen hatte. Sie war bis ins Mark getroffen in Erinnerung daran, dass sie ihr geliebtes Leben beinahe verloren hätte. Vor ihrer Erkrankung konnte sie mehr als acht Stunden hintereinander aktiv sein, sich konzentrieren, alles ausprobieren, was sie noch nicht kannte. Sie war spielend in der Lage, das alles in ihr Leben einzuordnen. Noch Wochen nach der Lungenentzündung konnte sie weder schnell gehen, noch lange stehen.

Ganz behutsam begann sie nach Wochen wieder ihren Altar aufzubauen. Über die regelmäßigen Besuche ihrer Eltern freute sie sich ganz besonders. Diese waren zufrieden mit den Fortschritten ihrer geliebten Tochter, sahen aber auch, dass sie nicht mehr die alte war. Früher konnte Ptah Nofru vor lauter Freude Purzelbäume machen. Ihr Glück kannte keine Grenzen. Und jetzt saß sie öfters traurig da, ihre Blicke verloren sich ins Niemandsland. Sie besprachen alles mit Guru Nanak. Ihre Tochter befinde sich noch in der Rekonvaleszenz und es könne noch Wochen vergehen, bis sie die Attacke von Mahakalla TD, Tod und Teufel überwunden hätte. Da Ptah Nofru eine sehr empfindsame Seele habe, habe sie die schwere Attacke als sehr bedrohlich erlebt. Es war mehr ein Schock für die Seele, die den Atem- und Blutkreislauf zum Stehen gebracht hatte und der die Zeit der Heilung so lange hinauszögerte.

Eines Tages erlebte Ptah Nofru nach langer Zeit wieder das Glück ihrer Kindheitstage. Sie hatte Farben gemischt und diese auf ihrem nackten Körper verschmiert. Dann sprang sie hoch an die Wand und schaute sich ihr Werk an. Sie war mit dem Ergebnis sehr zufrieden, wusch sich die Farben vom Oberkörper und sang laut vor sich hin. Die

Aktion führte dazu, dass sie für Stunden das Leiden vergessen hatte und die Erinnerungen an die grauenhaften Stunden in Alexandria verblassten.

Kreta – Eltern und Ptah Nofru

Die Eltern nahmen ihre Tochter liebevoll in die Arme, glücklich zu erleben, dass es nun wieder bergauf ging. Am gleichen Tag fuhren sie zusammen zum Hafen Chania. Die Atmosphäre war sehr schön, da doch noch einige Schiffe angelegt hatten. Sie gingen zum Juwelier und Ptah Nofru durfte sich ein Schmuckstück auswählen. Die Eltern wussten, dass sie Schmuck über alles liebte. Ihre Tochter wählte ein paar Ohrringe aus, die wunderschön waren.

Beim nächsten Besuch fuhren sie zur Hauptstadt Iraklion, die ein sehr gutes Museum hatte. Ptah Nofru war in ihren Element, stand lange vor der runden Tafel am Eingang mit vielen Zeichen und Symbolen, die bis dato niemand entziffern konnte. Sie sah sich die großen Vitrinen mit lauter Mandalas an und nahm sich vor, selber solche reichverzierten Mandalas herzustellen. Im hinteren Bereich des Raumes standen mehrere Särge, die so klein waren, dass nur Kinderleichen darin Platz hatten. Mit ihrer Mutter schaute sie sich die Kindersärge an, empfand aber keinen Schrecken vor dem Thema Tod. Göttin Isis hatte ständig damit zu tun, war sie doch die Göttin des Totenreiches. Alle Kulturen, speziell die alte ägyptische Religion, haben Übergangsriten. Gott Maat wachte über die Gerechtigkeit, abhängig davon, wie der Mensch gelebt hatte. Er war der am meisten gefürchtete Gott im ägyptischen Kanon. Jeder Mensch müsse sein Leben so gestalten, dass er immer bereit sei, zu gehen und sich von dieser Welt zu verabschieden.

Ptah Nofru lauschte den Worten ihrer Mutter und begann zu verstehen. Es ist ein Privileg, wenn ein Mensch nach dem Tod ins Paradies gelangt. Jeder Mensch ist selbst dafür verantwortlich, in welche Wiederverkörperung er kommt. Eine Reinkarnation ist nur für die Seele möglich und nur Göttern vorbehalten. Es gibt keine Wahl, ob Paradies oder Leere, ob Himmel oder Hölle, entscheidend ist das Karma. Die Worte, Gedanken und Taten bestimmen über das Wohl und Wehe im Jenseits. Letztendlich entscheidet Avalochitesvara-Rochalla darüber, ob jemand auf den Avalochitesvara-Rochalla-Stern gelangt oder nicht. Das Paradies ist der Avalochitesvara-Rochalla-Stern. Die Prinzessin hatte von Guru Nanak schon einiges über den Avalochitesvara-Stern gehört. Dass der Stern das Paradies sei, war für sie neu.

Guru Nanak setzte seine Belehrungen zum Avalochitesvara-Stern fort und Ptah Nofru hörte aufmerksam zu.

Die 1. Sphäre im Avalochitesvara-Rochalla-Stern ist der Klare Geist von Avalochitesvara Rochalla. Die Symbole der Sphäre I. sind Pferd und Stern. Sie sind als Geschenke von Avalochitesvara-Rochalla. zu betrachten. Die Sphäre I. ist wunderschön, nicht zu vergleichen mit bunten Farben in dieser Welt. Du kannst die Sphärenmusik von ihm vernehmen. Er hat eine sehr angenehme

Stimme. Avalochitesvara-Rochalla baut das rautenförmige Gitternetz mit seiner Stimme auf, die vibriert und alles zum Schwingen bringt. Sphäre III. ist die Gotteskraft. Die Leere ist das allerhöchste im Universum. Ptah Nofru war fasziniert von den Ausführungen von Guru Nanak und natürlich wollte sie wissen, wie man in die Leere hineinkommt. Die Leere war etwas ganz besonderes.

Guru Nanak erklärte ihr am nächsten Tag, dass es keinen leichten Zugang zur Leere gäbe. Auch er selbst war noch nicht in der Lage, die Leere zu erreichen.

Die Sphäre II. ist die Transzendenz Macht, Symbole Mond, Elefant. Die Allmacht von Avalochitesvara Rochalla gehe von Sphäre II. aus.

Sphäre III. ist die Transzendenz Kraft, Symbole Sonne und Löwe. Von dieser Sphäre gehe die Gotteskraft aus, gemeinsam mit der Gotteskraft der Taras.

Transzendenz Klarer Geist, Macht und Kraft sind die drei Sphären des Avalochitesvara-Rochalla-Sterns. Klarer Geist von Avalochitesvara und All-Macht haben eine diagonale Verbindung zur Sphäre III – Kraft – Gotteskraft. Klarer Geist von Avalochitesvara Rochalla und All-Macht stehen in einer waagrechten Verbindung zueinander. Es gibt eine senkrechte Verbindung von der Gotteskraft zu Ebene 6 (Buddha, ACH)..

Guru Nanak erläuterte ihr, dass sie nur schrittweise vorgehen könne. Wenn Erleuchtung ihr Ziel sei, müsse sie andere Übungen machen als wenn sie die Leere anstrebe. Sie solle sich das genau überlegen. In den nächsten Lektionen wolle er über den Klaren Geist sprechen unter der Voraussetzung, dass sie damit einverstanden sei.

Ptah Nofru und Guru Nanak – eine unsterbliche Liebe

Guru Nanak lehrte die Prinzessin Ptah Nofru in den nächsten Tagen ausschließlich zum Thema „Klarer Avalochitesvara-Geist" ACH und Dewachen. Ptah Nofru, Prinzessin und Schülerin von ihm, blühte unter seinen Augen auf. Er hatte das Privileg, sie in ihrer Jugendzeit auf der Insel Kreta zu begleiten.

Guru Nanak war von Anbeginn an von ihrer Grazie fasziniert. Sie bewegte sich nicht von hier nach dort, sondern es schien, als schwebe ihre Seele ständig aus ihrem Körper hinaus. Als Guru Nanak sie das erste Mal sah, war es um seine Fassung geschehen. Ihre Seele und seine Seele flogen aufeinander zu, ohne dass da ein fester Wille dahinter gestanden hätte.

Ptah Nofru wuchs mit ihren 25 Jahren zu einer wahren Prinzessin heran, die ihn um den Finger wickeln konnte. Während der Visualisation konnte er sie in aller Ruhe beobachten. Sie vollzog die Übungen mit einer so großen Hingabe, wie er es noch bei keinem anderen Schüler erlebt hatte. Ptah Nofru verschmolz mit der Grünen Tara und Dorje Sempa, konzentrierte sich auf die Aufgaben, die er ihr gab und war noch nach Stunden immer noch voller Klarheit. Wenn sie in den Pausen ein Lied sang, bebte ihr Körper, der zu einem Resonanzboden geworden war. Mit großer Geduld übte sie sich in Hieroglyphen, die sie mit einer Feder auf Papyrus malte. Es gab keine Lehrstunde, die Ptah Nofru nicht mit voller Befriedigung aufsaugte. Sie klebte quasi an seinen Lippen, jedes Wort war für sie eine Offenbarung.

Anfangs war er davon irritiert, wie sie ihn um den Finger wickelte. Sanken ihre Augenlider, konnte er sich für einen kleinen Moment von ihrer sonstigen Präsenz erholen. Sie lächelte, wenn ihr eigentlich zum Lachen zumute war, einem Lachen, das ihn weggepustet hätte. Sie hatte sich in ihrem bisherigen Leben nicht vorstellen müssen, dass sie von ihrem Vater und der Mutter abgöttisch geliebt und angenommen fühlte. Ihre Kindheit war Glückseligkeit und alles bebte mit ihr vor Freude. Mahakalla TD verstärkte ihre Motivation, aus dem Kreislauf von Tod und Wiedergeburt zu gelangen.

Sie verbrachten Stunden im gemeinsamen Gespräch und er freute sich darüber, dass sie Interesse an seinem Leben hatte. Er war 35 Jahre alt und schon viel in der Welt herumgekommen, vor allem in den orientalischen Ländern. Indien, seine Heimat, Ägypten, Afghanistan. Er hatte Schüler in der ganzen Welt und er war für sie Guru, Meister, Lama, Lehrer und Mentor.

Ptah Nofru strahlte ihn an, wenn er von seinen Reisen erzählte. Er hatte Abenteuer zu bestehen, musste sich an die Fremde, die fremde Kultur, Menschen und Sprachen gewöhnen. Er nahm die

Strapazen gerne auf sich, weil er sich mit den Gelehrten aus anderen Ländern über die von ihm gegründete Sikh-Religion austauschen wollte. Gerne erzählte er die Geschichte von Kalif Abu Abelasem, der ihn als Gelehrten am Hofe behalten wollte. Haben Sie denn unterwegs in der Fremde keine Bedenken gehabt, wollte sie wissen. Guru Nanak erklärte ihr, dass sein freundliches Auftreten und seine Gelehrsamkeit ein Schutz vor gefährlichen Situationen gewesen sei. Ein leises Rieseln rann ihr den Rücken hinab, wenn sie sich vorstellte, dass Guru Nanak alleine durch die Welt gereist ist. Nicht auszudenken, wenn er nicht ihr Guru geworden wäre.

Unterschiedliche Orte und Universitäten sowie heilige Stätten hatten ihn eingeladen. Sie tauschten den neuesten Stand der Forschungen aus und die Gelehrten zeigten ihm ihre große Gastfreundschaft. Er sei froh, als Wanderprediger all diese Erfahrungen gemacht zu haben.

Was ist das Besondere an der Sikh-Religion, die er gegründet hatte, wollte Ptah Nofru wissen. Die Situation in Indien war sehr kompliziert, gab es doch ca. 1000 Religionen im Land, Hindus gegen Moslems, Moslems gegen alle andere. Kein Mensch könnte da noch in der Göttervielfalt durchblicken. Es gab gewaltsame Ausschreitungen und das war der Grund, warum er aus Indien weggegangen sei. Er hätte die neue Sikh-Religion nicht in seiner Heimat ausführen und lehren können.

Viel mehr als an seinen Lehren war Ptah Nofru an seinem Leben auf Reisen interessiert. Sie kannte das alte Ägypten, Alexandria und sie lebte nun auf der griechischen Insel Kreta in einem wunderschönen Palast, den die Eltern für sie gekauft hatten.

Wollen Sie noch einmal auf Reisen durch den Orient gehen, oder ⋯ Sie wollte ihn nicht direkt fragen, ob er auf Kreta und in ihrem Palast leben wolle. Guru Nanak antwortete ihr, dass er gerne und längere Zeit auf der Insel Kreta bleiben wolle. Er sei von der griechischen Insel und Kultur und Land und Leute begeistert. Sobald die Belehrungen für Prinzessin Ptah Nofru zu Ende seien, würde er sich auf Kreta ein Haus kaufen. Ptah Nofru war über die Wendung des Gesprächs nicht sonderlich glücklich, sie konnte sich schon nach kurzer Zeit nicht mehr vorstellen, ohne ihn zu sein. Guru Nanak sah das Zittern auf ihren Lippen und er ließ ihr Zeit, sich wieder zu fangen. Seine Augen schauten voller Zuwendung in ihre Richtung. Sollte er den Vorstoß wagen und ihr seine Liebe gestehen? Sie war eine wunderschöne junge Frau in den besten Jahren und er begehrte sie heiß und innig. Er wollte immer mit ihr zusammen sein, mit ihr leben und ihr seine Liebe zeigen.

Von Anbeginn seiner Lektionen in den Avalochitesvara-Rochalla-Stern war sie von ihrem Guru fasziniert. Zu Beginn litt sie noch unter der Lungenentzündung, die nur langsam am Abklingen war. Guru Nanak nahm Rücksicht darauf, dass sie sich noch nicht so lange auf die Übungen konzentrieren konnte. Mit der Zeit war sie in der Lage, seine schillernde Persönlichkeit wahrzunehmen. Sie betete zu Avalochitesvara-Rochalla, dass Guru Nanak ihr einen Heiratsantrag machen möge. Ptah Nofru wollte ihn von ganzem Herzen und er spürte, wie sein Herz vor Freude pochte. Sie verbrachten die nächsten Tage im Palast, sprachen über ihre Liebe und fühlten sich sichtlich wohl zusammen.

Ptah Nofru hatte immer wieder nachdenkliche Phasen. Sie liebte Guru Nanak über alles, wusste aber nicht wirklich, ob sie einen Heiligen als Ehemann haben wollte. Sie dachte an ihre unbeschwerte Kindheit, in der sie mit sich und der Welt im Einklang war. Ihr Leben in Ägypten war davon geprägt, dass sie mit ihren Eltern zusammen glückliche Zeiten verbrachte. Das war ihr Paradies, ihr ACH und Dewachen, mehr wollte sie nicht. Mit der Lungenentzündung und ihrem Kampf um Leben und Tod wurde Ptah Nofru jäh aus ihrem Paradies gerissen. Die Leichtigkeit des Seins war für sie damit vorbei.

Sie wollte in diesen paradiesischen Zustand wieder zurück, wurde aber von ihrem Guru und zukünftigen Ehemann darauf hingewiesen, dass das nicht möglich sei: Es könne Jahre dauern, bis sich der Zustand der Glückseligkeit wieder einstellen würde. Bei ihm habe es über ein Jahrzehnt gedauert, bis er das Dewachen erreicht hatte. Eine starke Seele und einen Klaren Geist seien die Voraussetzungen dafür, ins Paradies zu gelangen.

Ptah Nofru dachte einige Tage darüber nach, bis sie eine Lösung dafür gefunden hatte. Sie wollte erstens ihre Seele befreien und dann den Klaren Geist aufbauen. Es hatte alles keine Eile; das wichtigste war für sie, dass sie Guru Nanak heiraten und dann mit ihm zusammen sein wollte. Das war für sie das neue Paradies.

Sie fuhren nach Alexandria, um den Segen ihrer Eltern zu erhalten. Amenemhet IV. und Göttin Isis waren damit einverstanden, hatten sie doch sehr viel Vertrauen zu Guru Nanak. Ihre Tochter hatte sich zu einer blühenden jungen Frau entwickelt, beide würden ein harmonisches Eheleben führen, davon waren die Eltern überzeugt.

Guru Nanak nutzte die Zeit, um den Eltern seiner zukünftigen Ehefrau weitere Lesungen zu geben und Lektionen zu erteilen. Alles, was mit der Hochzeit zu tun hatte, wollten die Eltern zur Verfügung stellen. Es sollte ein schönes Fest werden, mit vielen berühmten Gästen. Alle hielten den Atem an, als die Prinzessin in ihrem wunderschönen Kleid den Raum betrat. Guru Nanak war begeistert von ihr. Erst nach den offiziellen Ritualen durfte er seine Frau küssen. Nach weiteren vier Tagen fuhren sie von Alexandria nach Kreta zurück, glücklich darüber, nun gemeinsam im Palast von Knossos leben zu können. Sie gönnten sich noch eine Verschnaufpause, bis sie wieder mit dem Unterricht begannen.

6. Sphäre – ACH, Dewachen, Paradies. Der Klare
Geist sei überall, grenzenlos, zeitlos und unzerstörbar. Er ist nicht an Raum- und Zeit gebunden
und baue sowohl das Energiefeld als auch das Globale Gitternetz auf. Beide sprachen noch lange
darüber, was die einzelnen Punkte des Klaren
Geistes zu bedeuten haben. Der Klare Geist von
Avalochitesvara-Rochalla prüfe die Menschen auf
Karma und er entscheide, welche Seele ins Paradies komme oder nicht. Ptah Nofru war sehr am
Klaren Geist interessiert und sie wollte sofort mit
den Übungen dazu beginnen.

Guru Nanak informierte Ptah Nofru darüber,
dass sie für die Übungen und die Entwicklung der
Vorstellungskraft ca. 10 Jahre benötigen würde.
Die Erleuchtung des Klaren Geistes und damit die
Buddhaschaft sei das Ziel. In jedem Zeitalter ist
nur ein Buddha in der Lage, das Ziel zu verwirklichen.

Was sei ein Buddha und wie hieß der letzte, wollte sie erfahren. Buddha Chenrezig ist der Buddha des Mitgefühls mit dem Mantra „OM MANI PADME HUNG" Buddha Manjushri ist der Buddha der Weisheit mit einem Schwert in der rechten Hand und dem Weisheitsbuch in der linken Hand. Buddha Amithaba ist der Buddha des Westens. Er trägt eine Schale mit Amrita in beiden Händen. Die Buddhas wurden in der ganzen Welt verehrt – in Tibet ganz besonders. Ein Buddha habe den Klaren Avalochitesvara-Geist verwirklicht. Klarer Geist von Avalochitesvara-Rochalla und Atman-Seele eröffnen zusammen die Tore zum Dewachen – zum Paradies. Guru Nanak habe noch keinen Buddha gesehen, da der Klare Geist transzendent und transparent sei. Aber er habe aus Tibet Abbildungen der Buddhas und Taras erhalten, die er ihr gerne zeigen wolle. Guru Nanak schloss die Sitzung früher ab und schlug seiner Frau vor, einen Spaziergang durch die Orangengärten zu machen. Sie unterhielten sich unterwegs weiter über das Thema Buddha und Klarer Geist. Noch immer war sie nicht an ihrem Ziel angelangt, wie und wann sich die Türe und Tore zum Paradies öffnen würden. Sie gingen zum Palast zurück und ruhten sich etwas aus. Ihre unsterbliche Liebe ließ beide erzittern, wenn sie sich liebevoll berührten. Beide strahlten vor Glück.

Der wichtigste Buddha war Buddha Avalochitesvara 1000-armig, der Buddha des Avalochitesvara-Rochalla-Sterns. Hier sind sowohl die Atman-Seele als auch der Klare Geist verbunden, die Voraussetzung für die Erleuchtung.

Mahakalla-Attacke auf Kreta

Da war es wieder. Ptah Nofru saß voller Panik aufrecht im Bett und keuchte. Sie bekam keine Luft und alles krampfte sich zusammen. Etwas schwarz-waberndes breitete sich über ihre Brust und dann über den ganzen Körper aus. Da war das Grauen wieder, Mahakalla TD packte sie, schüttelte ihren ganzen Brustkasten und schmiss sie wie einen nassen Sack in die Ecke. Es dauerte nicht lange und Ptah Nofru verlor das Bewusstsein.

Guru Nanak war im höchsten Grade arlamiert. Er hatte oft mit seiner Schwiegermutter Isis gesprochen, nachdem alles das erste Mal in Alexandria geschah. Er nahm seine Frau in die Arme und versuchte, sie vor weiteren Angriffen zu schützen. Guru Nanak konzentrierte sich darauf, die Grüne Tara und Dorje Sempa um Hilfe zu bitten, indem er das Mantra der Grünen Tara sprach. Er betete zu Dorje Sempa und bat sie, das Leben seiner Frau zu retten. Er arbeitete mehrdimensional, bat die Grüne Tara darum, eine Konferenzschaltung einzuberufen mit allen Taras zusammen. Mahakalla TD, Tod und Teufel, müsse sofort ins Schwarze Loch des Kosmos versenkt und entsorgt werden. Wer, wenn nicht die Grüne Tara sei dazu in der Lage. Guru Nanak hielt den fast leblosen Körper seiner Frau in seinen Armen und sendete ihr seine Liebe, das beste Gegenmittel gegen die rasenden Herzklopfen. Sie schaute ihm immer noch voller Panik in die Augen und versuchte, Luft zu bekommen. Das Leben schwand so langsam aus ihrem Körper und es fehlte nicht mehr viel, bis sie leblos ins Jenseits verschwinden würde. Guru Nanak wusste, wie sehr seine Frau die Sphärenmusik liebte. Ihr ganzes Sein, ihre Seele, Ihr Geist und ihr Körper ja ihr ganzes Leben begann wieder aufzuleben. Sie begann wieder Hoffnung zu empfinden, atmete mit Guru Nanak ganz sanft zusammen und bekam wieder Luft.

Er vollzog den Durchgang durch die Schlucht die ganze Nacht hindurch und den nächsten Tag. Er konnte Mahakalla TD nicht entfernen, aber er konnte die Grüne Tara bitten, für Ptah Nofru zu kämpfen. Er sagte stundenlang in den Raum hinein: „GrüneTara kämpfe für Ptah Nofru, Grüne Tara siege für Ptah Nofru." Alles geschah ohne Worte, in die Stille hinein. Er legte seinen Mittelfinger in die Kuhle am Hals so lange, bis es wieder pulsierte. Göttin Isis hatte ihm geraten, diesen Punkt sehr lange zu unterstützen. Sie kannte Rang Dröl schon lange Zeit. Das wichtigste war, Ptah Nofru immer wieder beruhigend zuzureden und ihr in Gedanken, Worten und Taten seine Liebe zu schenken. Er atmete mit ihr zusammen, legte seine Arme um ihre Schultern, schenkte ihr seine Liebe, holte das Olivenöl aus der Kammer und salbte ihren Körper von Kopf bis Fuß damit ein. Er massierte sie so lange, bis die Verkrampfung wich. Mit einem kalten Tuch betupfte er den linken Arm. Dann tat er das gleiche mit einem Lappen, den er vorher in heißes Wasser gelegt hatte. Er machte das so lange, bis ihr Herzrasen aufhörte.

Die Angst wich von ihr und alles konnte sich etwas entspannen. Er sprach nun ein Gebet an Dorje Sempa „···OM BENSA SATO HUNG". Gleichzeitig visualisierte er Dorje Sempa in allen Einzelheiten. Ihre Schönheit und Strahlen brachte in fast um den Verstand. Durchgang durch die Schlucht war so weit fortgeschritten, dass sie nun Mahakalla TD ins Schwarze Loch des Kosmos werfen und entsorgen konnten. Guru Nanak unterstützte die Grüne Tara „Rochalla die Kämpferin" darin, Energiefeldaufstellung und Gitternetzaufbau stundenlang zu machen. Er betete für seine große und unsterbliche Liebe und bat alle darum, ihm zu helfen, ihre Seele zu heilen. Er bat die Atman-Seele darum, sie zu retten. Ihre Seele hatte bereits sehr gelitten. Das rautenförmige weiße heilige Gitternetz war verletzt. Guru Nanak betete stundenlang dafür, dass die göttliche Atman-Seele ihre Seele heilen möge.

Dies war der erste Schritt, um Ptah Nofru wieder aus dem Jenseits, aus dem Tal des Todes zu befreien. Ihre Seele war rein und stark, ein weißes Krönchen war auf ihrem Haupt. Guru Nanak hatte so etwas Schönes noch nicht gesehen. Seine große unsterbliche Liebe befand sich immer noch im Sterbeprozess. Er gab alles, um sie wieder in diese Welt zurückzuholen. Er kämpfte auf allen Ebenen, um sie von Mahakalla TD zu befreien und er arbeitete mehrdimensional. Mit seinem Klaren Geist nahm er Kontakt mit ihrem Klaren Geist auf. Er rief ihr in Erinnerung, was er Ptah Nofru bereits gelehrt hatte. Der Avalochitesvara-Rochalla-Stern bestand aus: Taras, Buddhas, Macht, Kraft und Atman-Seele.

Er betete zu Buddha Chenrezig und appellierte an sein Mitgefühl. Er betete zu Buddha Manjusri und bat um Weisheit. Er betete zu Buddha Avalochitesvara und appelierte um Unterstützung und Rettung. Auch hier arbeitete er mehrdimensional.

Nach einer geraumen Zeit konnte er feststellen, dass seine geliebte Frau gerettet war.

Den gleichen Zeitraum, den er aufgewendet hatte, um so mehrdimensional wie möglich zu arbeiten, wie der Avalochitesvara-Rochalla-Stern ist, die gleiche Zeit verbrachte er damit, allen zu danken. Das Arbeiten im mehrdimensionalen Raum ist nur mit dem Visualisieren möglich. Dieser Raum der Mehrdimensionalität ist die Leere und nur und ausschließlich in der Leere ist der Klare Geist von Avalochitesvara anzutreffen. Membran und Flies halten die Leere zusammen, so dass ein Arbeiten im Raum möglich wurde. Seit langer Zeit visualisierte Guru Nanak in diesen Raum, in die Leere, die jetzt zum Stern geworden ist, zum Avalochitesvara-Rochalla-Stern. Bislang war es aber noch nicht möglich, die göttliche Atman-Seele und den Klaren Geist zusammen zu bringen.

Seine Frau und er waren heilfroh, Mahakalla TD entronnen zu sein. Sie befanden sich im Dewachen, dem Paradies für Buddhisten. Froh, ihre Seele und den Klaren Geist gerettet zu haben, trug er seine Frau ins Bad, legte sie in die große Badewanne, streute Sandelholz hinein und Rosengeranie und rieb sie mit einem Öl aus Ylang-Ylang ein. Er legte sie anschließend auf ihr Bett zurück und massierte ihre Füße, ja den ganzen Körper, bis alles Leben wieder zu ihr zurückfloss. Er hatte die Kunst der Liebe mit seiner Frau Ptah Nanak erlernt und wusste, wie empfindsam sie darauf reagierte. Das war der Abschluss der Heilungszeremonie. Ptah Nanak wurde durch seine Liebkosungen wieder zum Leben erweckt und er küsste sie so lange, bis sie auf ihn reagierte.

Ptah Nofru und Guru Nanak

Dieses Ritual führten sie jeden Tag durch. Dadurch war die Zeit der Genesung so kurz, dass sie bald wieder ihre Übungen fortsetzen konnten. Ptah Nofru bat die Grüne Tara darum, ihr die Meditation Durchgang durch die Schlucht beizubringen und sie in die Meditation einzuweihen. Sie erhoffte nicht, sie wusste durch Erfahrung, dass sie mit dieser Methode Mahakalla TD ins Schwarze Loch des Kosmos entfernen konnte. Unter dem Siegel der Verschwiegenheit begann Ptah Nofru die speziellen geistigen Übungen zu erlernen. Die Grüne Tara hatte sich mit all den anderen Taras und Gotteskräften abgestimmt und sie kamen darin überein, dass Ptah Nofru ein besonderer Fall sei und sie eine Ausnahme machen könnten. Kein Mensch, auch Guru Nanak nicht, durfte den vollständigen Ablauf von Durchgang durch die Schlucht erfahren und sie musste einen Eid darauf schwören, dass sie es auch niemand anderem offenbaren würde.

Die Voraussetzung dafür sei, dass sie die Gabe der Visualisierung aktiviere, die sie schon in ihrer Kindheit praktiziert habe. Ohne den Hintergrund zu kennen, baute sie bereits in Alexandria, ihrer Geburtsstadt, ihren Klaren Geist auf. Er nennt sich in Ägypten „Klarer Scarabäus Geist". Das, was sie spielerisch und autodidaktisch erlernte, war nun im Alter von 27 Jahren die Grundlage dafür, Mahakalla TD zu entfernen, die zerstörerische Energie. Zeitgleich bat sie Dorje Sempa darum, ihr das Heilen beizubringen. Sowohl ihre Mutter Göttin Isis als auch ihr Ehemann Guru Nanak waren Heilkundige, aber nicht bei Verletzungen durch Mahakalla TD. Rochalla, die Seele des Avalochitesvara-Sterns, wurde durch die zerstörerische Energie vom Mutterschiff des Avalochitesvara-Sterns getrennt und es gab keine Kraft im Universum, die dem Einhalt gebieten konnte,   außer Dorje Sempa

Guru Nanak sowie ihre Mutter hatten die geistige Welt des Alten Ägyptens um Hilfe gebeten. Ohne Erfolg. Die Verletzungen durch Tod und Teufel waren so schlimm, dass es kein Zurück gab. Dorje Sempa weihte Ptah Nofru in den Heilungsprozess ein. Der wichtigste Aspekt sei der, mit der Fusszonenreflex-Massage zu beginnen und anschließend den ganzen Körper zu massieren. Es gäbe gewisse Energiepunkte, die man verbinden müsse. „Rang Droel" ist der Name dieser Heilungsmethode. Der wichtigste Punkt sei der, dass sie – außer bei den Füssen – den Körper des anderen nicht berühren dürfe. Sie solle ein bestimmtes Mantra singen während der gesamten Zeit: „···OM BENSA SATO HUNG„ ist das Heilungsmantra der Dorje Sempa, die Gotteskraft aller Taras. Sie müsse wissen, dass sie nicht ihren Ehemann oder andere Menschen heilen dürfe, sondern immer Avalochitesvara Rochalla und alle auf dem Stern befindlichen Kräfte. Es gäbe Aspekte der Heilung, die sie nur selbst herausfinden könne. Weder die Körperstellen noch die Hilfsmittel dürfe sie an jemand anderen weitergeben. Sie wisse aber einen Ort, den sie ausfindig machen müsse. Aber weder eine der Taras noch andere Ebenen des Avalochitesvara-Sterns, auch die der Sphären nicht, hätten einen Zugang zu diesem Wissen.

Es gäbe eine Frau in Ägypten, Göttin Isis, die diese Kenntnisse besitze. Wenn sie diese aufsuchen würde, könne sie auch Leben retten. Ptah Nofru bedankte sich bei Dorje Sempa und sagte ihr, dass die Göttin Isis ihre Mutter sei und dass sie sie so schnell wie möglich ihre Eltern aufsuchen würde. Ihr Ehemann Guru Nanak war sehr glücklich, dass seine Prinzessin Mahakalla TD bekämpfen könne. Er schenkte ihr den Namen „Rochalla die Kämpferin" und „Rochalla die Heilerin". Ptah Nofru fühlte sich sehr geehrt, da der Name Rochalla bisher der Atman-Seele vorbehalten war.

Kämpfen und Heilen dauerten täglich eine Stunde. Sie hatten also genügend Zeit, um mit den Übungen fortzufahren. Sie konnten beides auch in Alexandria bei den Eltern fortsetzen.

Es gab grässliche Vorfälle im ganzen Land, die besorgniserregend waren. Amenemhet IV., der Kaiser von Ober- und Unterägypten, sprach mit ihnen darüber. Der einzige Weg, Mahankalla TD zu beseitigen, war die Meditation Durchgang durch die Schlucht, die Übung, die Meditation, das Visualisieren und die Heilung. Sein Schwiegersohn, Guru Nanak, wurde in den Prozess miteinbezogen. Der ganze Palast war in Aufruhr, weil schlimme Nachrichten aus dem ganzen Land kamen. Kaiser Amenemhet IV. hatte sich bereits mit seinen Ministern beraten, aber keiner war in der Lage, Mahakalla TD Einhalt zu gebieten.

Von seiner Tochter wusste er, dass Mahakalla TD mit Mitteln arbeitete, die absolut tödlich waren. Pest und Cholera wütete unter der Bevölkerung und niemand war davor gefeit, weder Kinder, Erwachsene noch alte Menschen. Die Familie kam zusammen und sie berieten, was zu tun sei. Außer Guru Nanak war niemand in der Lage, das magische, rautenförmige, transzendente Globale Gitternetz zu erkennen. Die Seele, Rochalla, der Avalochitesvara-Stern, stehe an erster Stelle. Die Seele Rochalla müsse gerettet werden, da nur so ein erfolgreicher Kampf gegen Mahakalla TD gewährleistet sei. Rochalla würde, so die Grüne Tara, jedes Mal ihr Leben auf's Spiel setzen, wenn sie Durchgang durch die Schlucht mache. Göttin Isis und Amenemhet IV. baten Guru Nanak, ihre Tochter immer und überall hin zu begleiten und zu schützen. Sie war die einzige im ganzen Land, die Mahakalla TD entsorgen könne. Sie sollten so bald wie möglich auf Reisen gehen, so dass sie sich weg von Ägypten in Sicherheit bringen könnten.

Guru Nanak kannte den Schrecken von Pest und Cholera, Tod und Teufel. In keinem der Länder, die er bereist hatte, auch nicht in seiner Heimat, kannte man ein Gegenmittel. Die Menschen starben in Scharen, wie die Fliegen würden sie krepieren. Durch seine Kontakte in Indien, seiner Heimat, konnte er mit Gewissheit sagen, dass dort keine Epidemie ausgebrochen sei. Er machte seinen Schwiegereltern und Ptah Nofru den Vorschlag, dorthin zu reisen. Kaiser Amenemhet IV. und Göttin Isis stimmten mit ihm überein, dass sie am nächsten Morgen aufbrechen wollten. Guru Nanak und Ptah Nofru gingen zeitig ins Bett, damit sie am nächsten Tag ausgeruht ihre Reise beginnen könnten. Göttin Isis und Amenemhet IV. gaben ihnen einige Empfehlungsschreiben mit, die ihnen Tür und Tor während ihrer Reise öffnen würden. Der Abschied von ihren geliebten Eltern fiel Ptah Nofru schwer. Sie musste Vater und Mutter in Ägypten zurücklassen, ohne zu wissen, ob sie die Eltern jemals in ihrem Leben wiedersehen würde. Weder er noch sie, Göttin Isis, waren in verantwortlicher Position. Das Volk Ägypten brauchte sie mehr denn je. Amenemhet IV. hatte einen großen Hofstaat und er verrichtete seine politischen Aufgaben sehr verantwortungsbewusst. Göttin Isis, die Göttin des Totenreichs, wurde von allen Menschen verehrt. Sie war für die Rituale an den Pforten des Jenseits zuständig. Scharenweise kamen die todkranken Menschen zu ihr, die Todkranken, die auf Errettung im Jenseits hofften. Amenemhet IV. wusste, dass auf seine Tochter Ptah Nofru Verlass sei und dass sie ihnen helfen würde, Mahakalla TD zu beseitigen und ins Schwarze Loch des Kosmos zu entsorgen. Nur so konnte auch er der Epidemie Herr werden.

Nachdem Guru Nanak und Prinzessin Ptah Nofru das gemeinsame Ritual vollzogen hatten, saßen sie die ganze Nacht zusammen und besprachen ihre Reiserute. Es gab zwei verschiedene Wege, nach Indien zu kommen. Sie könnten entweder den Seeweg von Alexandria aus wählen oder über den Nil segeln und auf dem Roten Meer bis nach Äthiopien fahren. Beides hätte Vor- und

Nachteile. Der Seeweg von Alexandria aus würde bedeuten, dass sie in die Länder reisen würden, die er von seinem Weg als Wanderprediger schon kannte. Die Leute würden sie mit offenen Armen und großzügiger Gastfreundschaft empfangen. Der Nachteil war der, dass sie nicht so schnell weiterreisen konnten, wie sie es geplant hatten, da die Gelehrten sehr daran interessiert waren, seine neuesten Forschungsergebnisse kennen zu lernen. Der Vorteil, den Weg über den Nil zu wählen und bis nach Äthiopien auf dem Rote Meer zu verbringen, würde bedeuten, dass er neue Kontakte knüpfen könnte. Die alte Kultur in Äthiopien würde in sehr reizen. Sie entschieden sich beide dazu, den Weg über Alexandria zu wählen. Ptah Nonak hatte sich mit der Grünen Tara und Dorje Sempa beraten Beide gaben ihr zu verstehen, dass sie so schnell wie möglich nach Indien reisen sollten, da nur dort ihr Leben sicher sei. Die Reise würde ca. acht Tage in Anspruch nehmen, d.h. sie würden in etwas länger als einer Woche in Indien sein. Sie vollzog ihre

Übungen Durchgang durch die Schlucht und er betete zum Avalochitesvara-Stern. Beide beteten um Schutz und Heilung. Er hatte seine letzten Bücher dabei, die er auf der Insel Kreta im Palast Knossos geschrieben hatte.

Indien

Die Reise begann an Bord eines Dreimasters. Sie hatten kurzfristig eine große Kabine bekommen und gingen nun zusammen an die Reling, um das Abfahren des Schiffes zu beobachten. Es wehte eine frische Brise und beide nahmen von den Eltern Abschied, die in der Nähe standen und ihnen zuwinkten. In der kommenden Zeit würde ihre Tochter an der Seite ihres Mannes in Indien leben. Indien war ihnen bekannt, weil sie dort Handelsbeziehungen pflegten. Sie wünschten David und Ptah Nofru das Beste, Gesundheit, Glück und Freude.

Guru Nanak, Daniel, hatte im Palast von Knossos so viel über seine Reise in den Orient gesprochen, dass sie es kaum erwarten konnte, seine Heimat Indien zu sehen. Sie freute sich, seine Familie und Freunde kennenzulernen und all die Menschen, mit denen Daniel die Sikh-Religion gegründet hatte. Er sandte immer wieder seine neuesten Werke per Schiff nach Indien, so dass alle

Schüler und Schülerinnen auf dem neuesten Stand waren.

Daniel fand sein Haus unberührt vor. Er führte seine Prinzessin durch die Pforten bis zum hinteren Teil des Anwesens. Auf dem Weg dorthin standen reichverzierte Säulen, die dem Gang etwas Schatten gewährten. Er besaß ein großes Haus, das allen Platz gewährte, die sich für ihre Disputationen zusammenfanden. Eine kleine Dienerschar hatte ihr Kommen so vorbereitet, dass alles seinen angestammten Platz hatte. Daniel war mehr als zufrieden. Er zeigte Ptah Nofru die Räume im unteren und oberen Teil des Anwesens. Seine Studiengemächer waren im oberen Stockwerk. Dort hatte er auch einen prächtigen Altar, den niemand berühren durfte. Das Schlafzimmer war ebenfalls im ersten Stock, ebenso die Gästezimmer. Er bot Ptah Nofru an, zwei von den Gästezimmern auszuwählen, in denen sie ihren eigenen Altar und ihren Meditationsraum einrichten konnte. Sie stellte als Erstes ihre Statuen aus Ägypten in den Altarraum.

Es war ein Bedürfnis für sie, als erstes die Dinge zu besorgen, die sie für den Altar brauchte. Kerzen, Blumen, Weihrauch und Sandelholz, Reis und Wasser. Daniel tat das Gleiche für seinen Raum, in dem er beten und meditieren wollte. Sie dankte der Grünen Tara und Dorje Sempa, er bedankte sich für die sichere Überfahrt bei Avalochitesvara-Rochalla. Daniel und Ptah Nofru ruhten sich in ihrem gemeinsamen Schlafgemach von der beschwerlichen Reise aus. Und sie bereiteten sich darauf vor, mit ihrer Familie und den Freunden ein gemeinsames Fest zu feiern.

Sie wusste von Daniel, dass er in einem königlichen Haus gelebt hatte, bis er es vorzog, seine Studien in einem eigenen Anwesen fortzusetzen. Als sie das Haus betraten, begrüßten beide die Eltern, indem sie mit den Fingerspitzen die Füße berührten und das Gewand. Beide hoben sie den Sari der Mutter hoch. Sie wurden von den Eltern herzlich empfangen. Die Eltern waren glücklich, dass ihr einziger Sohn wieder bei ihnen war. Ihre Liebe zu Daniel war übermäßig groß und sie gaben ihrer Freude Zeit und Raum, bis sie ihre Tränen des Glücks getrocknet hatten. Der Vater drückte Daniel immer wieder an sich, bis dieser sich befreite von den herzlichen Umarmungen. Daniel führte seine Ehefrau zu den Eltern. Ihre Anmut und ihre Gestalt überwältigte sie und sie lächelten ihr freudig zu. Immer hatten sie sich so eine wunderschöne Schwiegertochter gewünscht und nun stand Ptah Nofru vor ihnen. Sie beglückwünschten ihren Sohn, dass er so eine wunderschöne Frau gefunden hatte. Ptah Nofru lächelte sie freundlich an. Daniel hatte ihr nicht erzählt, wie liebreizend seine Eltern seien und nun wurde sie von Liebe überschüttet. Die Familie in Indien kannten keine ägyptischen Prinzessinnen, sie huldigten ihrer Schönheit. Die Mutter schenkte Ptah Nofru einen sehr kostbaren Sari und den dazu passenden Schmuck. Da sie königlichen Blutes war, durfte sie auch den in Indien nur für Königinnen vorgesehenen Nasenring tragen. Die Armreife waren sehr wertvoll und sie waren wie der andere Schmuck aus Gold und Diamanten. Auf dem Boden lagen die Sitzkissen und sie lauschten dem Sänger, der ein Saiteninstrument spielte. Mehrere Tänzerinnen bewegten sich anmutig auf die Klänge der Musik. Die Bongo rasselte im Gleichklang ihrer Schritte.

Die Dienerschaft wurde gebeten, die Speisen aufzutragen. Ptah Nofru kannte die ägyptische und griechische Küche und war wenig überrascht, dass ihr die indische Küche sehr gut mundete. Die Gewürze waren allerdings so scharf, dass sie einiges nicht essen konnte. David zeigte ihr die Reisgerichte , die sie essen konnte. Er freute sich, sie glücklich im Kreis der Familie zu erleben. Die Eltern hatten Daniel darauf angesprochen, ob er das Hochzeitsritual mit Ptah Nofru in Indien zelebrieren wollte. Er konnte ihre Bitte sehr gut verstehen, lehnte aber aus dem Grund ab, dass er sich nicht von einem hinduistischem Bramahnen trauen lassen wollte. Er habe schon mit Ptah Nofru darüber gesprochen und sie stimmte verständnisvoll seiner

Bitte zu. Daniel machte sie darauf aufmerksam, dass der Schmuck ein Hochzeitsgeschenk von den Eltern sei, der sehr wertvoll ist. Ptah Nofru bedankte sich bei ihnen von ganzem Herzen.

Ptah Nofru lernte die Freunde kennen, indem sie alle im Kreis tanzten. Die Frauen trugen die obligatorischen Saris und die Männer ihre Beinkleider mit langen Hemden darüber. Jeder hatte langen Halsschmuck und mindestens vier Ringe an der rechten und linken Hand. Männer und Frauen waren reich geschmückt, waren die Juwelen doch Ausdruck ihres Reichtums. Daniel kam auf Ptah Nofru zu und bat sie um einen Tanz. Sie lernte den indischen Tanz innerhalb kurzer Zeit lieben und in seinen vielzähligen Ausdrucksformen kennen. Davids Schwester lud sie ein, am Holyfest teilzunehmen. Sie solle sich einfach überraschen lassen und es wurde ihr sicherlich viel Spaß machen, mit Farben zu werfen. Seine Schwester Bari wollte mit ihr in den nächsten Tagen mehrere Saris einkaufen, die sich besonders in dem heißen Klima Indiens bewährt hatten. Ptah Nofru hatte bemerkt, dass die Haut unter dem Sari nackt ist, was für sie in Ägypten ein Ding der Unmöglichkeit war. Sie wollte gerne mit Bari mitkommen.

Daniel hatte sie jedem einzelnen Freund vorgestellt, Menschen, die wie Daniel Augen hatten, die wie die Sonne strahlten. Seine Freunde waren intelligent und es machte Spaß, mit ihnen zu reden. Sie würde sie bald wiedersehen, da sie alle zum Kreis von Daniels Schüler zählten. Ptah Nofru bat darum, sich in einen kleinen Raum für ihre Übungen zurückziehen zu dürfen. Anschießend sprachen sie im kleinen Kreis über die verheerende Situation aufgrund der Mahakalla TD-Attacken. Die einzige Lösung dieses Problems, das unzählige Menschen bereits zum Opfer gefallen seien, ist die Grüne Tara.

Bevor Ptah Nofru ihren Wunsch des Tages äußern konnte, begann Daniel damit, ihr zu erklären, warum sie und nicht Daniel von Mahakalla TD attackiert wurde.

Die Schwarze Materie wusste, dass er nicht in der Lage sei, Mahakalla TD zu entsorgen. Seine Frau wurde im Alter von 25 Jahren von ihrer Mutter Isis in diese Meditation eingeweiht. Rochalla die Kämpferin und Rochalla die Heilerin, d.h. die Grüne Tara und Dorje Sempa, arbeiteten gemeinsam daran, Mahakalla TD zu entfernen, bei sich selbst und bei anderen Menschen. Mitten in der Übung wurde sie in der vergangenen Nach von Mahakalla TD angegriffen. Er hatte auf der griechischen Insel Kreta gelernt, was er tun müsse, damit Ptah Nofru am Leben blieb. Der Klare Geist schützte ihn vor Mahakalla TD aber er war an einem Punkt verwundbar: würde Ptah vor ihm gehen, hätte alles keinen Sinn mehr für ihn. Seine Prinzessin war sein ein und alles und nichts in der Welt konnte ihn davon abhalten, ihr seine große Liebe zu zeigen. Ptah Nofru war sein Goldschatz, sein Augenstern und ohne ihre Liebe würde David nur noch dahinvegetieren können.

Mahakalla TD wusste von seinem neuralgischen Punkt und tat alles Mögliche, sie zu killen. Der Tod von Ptah Nofru hätte den Tod von Guru Nanak zur Folge gehabt und sie hätten zwei Fliegen mit einer Klappe geschlagen. Das Böse war sowohl in Alexandria als auch auf Kreta vernichtend, in Mombay konnte Daniel das Schlimmste abwehren.

Ptah Nofru hörte ihm aufmerksam zu. Sie wusste, dass er alles in seiner Macht stehende tun würde, um sie zu schützen und zu retten. Ihr Leben in Indien war genauso gefährdet, wie das in Alexandria und auf Kreta. Sobald sie wieder zu Kräften kommen würde, würde sie noch intensiver mit der Grünen Tara und Dorje Sempa zusammenarbeiten, als zuvor. Ein wesentlicher Fortschritt war der, dass sie nun in Indien das Energiefeld und das magische Gitternetz klar und deutlich erkennen konnte, wenn sie ihre Augen schloss. Sie konnte Daniel darin unterstützen, das globale Gitternetz aufzubauen.

Das magische Gitternetz ist die Seele des Avalochitesvara-Sterns und hatte den Namen Rochalla bekommen. Das magische Gitternetz bestand aus einem Rautenmuster. Die heilige Energie war weiß und das Gitternetz bewegte sich in alle vier Richtungen: senkrecht, waagerecht, diagonal und spiralförmig.

In die Atman-Seele zu kommen, die Sphärenmusik zu vernehmen und die Energieformaufstellung zu machen war eigentlich ein Ding der Unmöglichkeit. Bisher hatte es noch kein Mensch geschafft, in die Leere zu kommen.

Es war ein Wunder, dass Daniel und Ptah Nofru am vergangenen Abend die Leere im Avalochitesvara-Rochalla-Stern teilen konnten.

Im Gegensatz zur Seele ist der Klare Geist unzerstörbar. Guru Nanak hatte sich vor allem mit dem Gitternetz und dem Klaren Geist beschäftigt. KA BA ACH sind die Ebenen der Gotteskraft.

Der Klare Geist ist nicht an Raum und Zeit gebunden, er ist grenzenlos, spiegelgleich und unzerstörbar. Diese Aussage und diese Aspekte des Klaren Geistes gelten für das ganze Universum.

Indien – Fest Eltern

Seine Frau Ptah Nofru sei in den Ritus der Grünen Tara und Dorje Sempa eingeweiht. Von ihr würde es abhängen, ob sich die Lage in Ägypten verbessern würde oder nicht. Ein Raunen ging durch den Raum. Im Land der Pharaonen herrscht die Pest und Cholera und niemand, außer Ptah Nofru sei in der Lage, dem Abhilfe zu schaffen. Jeder ging schweigend nach Hause, nachdem das Fest beendet war. Da war eine junge ägyptische Prinzessin, die ihr Leben retten wollte, indem sie die Grüne Tara um Hilfe bei ihrer Meditation bat. Dieses Phänomen beschäftigte sie alle sehr. Daniel sprach darüber, dass Mahakalla TD seine Frau mehrmals attackiert hatte. Er könne ihrem Körper, Seele und Geist nicht länger zumuten, noch einmal mit dem Tod ringen zu müssen. Alle hatten dafür Verständnis.

Tränen rangen über seine Wangen in Erinnerung daran, wie grauenhaft es war, seine geliebte Frau mit dem Tod ringen sehen zu müssen. Er würde in den nächsten Tagen seine Schüler bitten, zu ihm zu kommen. Er habe weitere Forschungen gemacht, um herauszufinden, ob der Avalochitesvara-Rochalla-Stern und die geistige Welt Abhilfe schaffen können. Seine Schüler stimmten darin überein, sich mit den letzten Büchern von Guru Nanak zu beschäftigen, die den neuesten Stand der Forschung auf diesem Gebiet enthalte. Guru Nanak eröffnete die Lesungen, an der auch seine Frau teilnahm.

Zweimal täglich zog sie sich in ihren Meditationsraum zurück, um Durchgang durch die Schlucht zu praktizieren und mit der Grünen Tara und Dorje Sempa Kontakt aufzunehmen.

Ptah Nofru und Guru Nanak – eine unsterbliche Liebe

Sie erwachten fast zeitgleich am nächsten Morgen. Er schaute sie an und schmolz vor Liebe dahin. Sie war wie eine Blume für ihn, die nach jeder Nacht wieder neu erblühte. Daniel hatte sich sein ganzes Leben danach gesehnt, eine Frau wie sie berühren zu dürfen. Ptah Nofru räkelte sich und schmiegte sich an ihn. Wie jeden Morgen hatte sie einen Wunsch frei und David erfüllte ihr gerne diesen Wunsch. Bedingung war, dass es möglich sein müsse, den Wunsch noch am gleichen Tag zu erfüllen. Dieses Ritual vollzogen sie, seitdem sie verheiratet waren. Im nahhinein konnten sie nicht sagen, ob es schöner war, einen Wunsch zu äußern oder ihn zu erfüllen. Prinzessin Ptah Nofru wurde von ihrem Ehemann so sehr verwöhnt, dass sie immer schöner wurde. Würde sie jetzt in Ägypten auf der Straße unterwegs sein, oder über den Strand laufen, wüsste jeder Mann in Ägypten, dass sie eine sehr zufriedene Frau sei. Den Frauen in Ägypten war es absolut nicht erlaubt, auch nur einen Blick zu erheben und einen Mann anzuschauen. Sie musste den Schleier bis über die Augenbrauen ziehen, damit kein Mann in Versuchung kommen konnte, sie zu begehren. Dieses Gebot galt nicht für die Prinzessin. Sie musste nicht, wie die moslemischen Frauen mit einem schwarzen Schleier herumlaufen.

Ptah Nofru lernte auf der Insel Kreta eine Freiheit kennen, die für alle Frauen auf der griechischen Insel Gültigkeit hatte. Niemals hätte sie einen Mann geheiratet, der ihr verbieten würde, sich Draußen alleine aufzuhalten und ihre Eltern unterstützten ihr Freiheitsbedürfnis. Das Wichtigste war, dass ihre Tochter und ihr Augenstern glücklich sei. Erst die Lungenentzündung, die durch Mahakalla TD ausgelöst wurde, brachte großes Leid in die Königsfamilie. Die indischen Frauen trugen einen Schleier, der dazu diente, sie vor der glühenden Sonne zu schützen. Ptah Nofru kannte die sengende Sonne in Ägypten, die allerdings durch die Nähe des Meeres abgemildert wurde. In Indien war es in der Morgendämmerung schon so heiß, dass ein Aufenthalt im Freien nicht möglich war. Die Mittagssonne verbrannte jeden, der seine Haut nicht schützte.

Ptah Nofru wünschte sich ein Parfum, das sie liebte und sie wusste, dass David es nicht lassen würde, ihre Haut mit diesem Parfum zu betupfen. Er tat es mit Genuss. Narzisse war ein Duft, der sowohl ein warmes als auch ein herbes Aroma verbreitete. Nachdem er ihren ganzen Körper damit massierte hatte, bedeckte er sie mit heißen Küssen. Es gab für ihn 1000 Möglichkeiten, das Liebesspiel zu beginnen, aber nur eine, um es zu beenden. Er nahm einen weichen Lappen und betupfte ihren Körper mit warmen Wasser. Ptah Nofru schnurrte vor Wohlbehagen wie eine Katze. Sie holte ein Getränk für beide, um ihren Körper etwas abzukühlen. Sie zogen sich in ihre Gemächer zurück, richteten den Altar her und begannen ihre Übungen.

Davids Schüler würden erst in den Abendstunden zu ihnen kommen. Zeit genug, um mit der Lehre des Avalochitesvara-Rochalla-Sterns fortzufahren. Sie hatte verstanden, dass dieser eine Mehrdimensionalität beinhaltet, die sie bisher noch nicht kennengelernt hatte. Alles war in Bewegung, die kreisförmige Bewegung ging von der Gotteskraft der Grünen Tara aus. Dorje Sempa und die Grüne Tara waren maßgeblich daran beteiligt, dass und wie sich der Stern wie ein Rad drehte. Die vier Richtungen (senkrecht, waagrecht, spiralförmig und diagonal) waren im Globalen Gitternetz zu finden. Ptah Nofru hatte gelernt, das Globale Gitternetz und das Energiefeld wahrnehmen zu können. Farben, Formen und Bewegungen waren die wesentlichen Strukturen. Ptah Nofru hatte keine Schwierigkeiten, sich das alles bildlich vorzustellen, hatte sie doch von Kindesbeinen an gelernt, ihre Vorstellungskraft zu schulen. Guru Nanak war mit ihren Fortschritten aber noch nicht zufrieden. Er merkte, wie sie sich im Kreise herumdrehte und eigentlich nicht von der Stelle kam. Sie war fähig, die drei Sphären und die Ebenen KA, BA, ACH zu meistern. Die VI. Ebene, das ACH, das Dewachen oder Paradies, war für sie noch ein Buch mit sieben Siegeln. Er nannte ihr mehr als 178 Aspekte des Klaren Geistes, die siei auswendig lernen muss. Kein Problem, aber was bedeute „Spiegelgleichheit" und was ist die „Raum- und Zeitüberwindung" und warum sprach er von Klarem Geist von Avalochitesvara und bei ihr von Klarem-Scarabäus-Geist? Er tröstete sie damit, dass sie auf dem richtigen Weg sei. Wenn sie Sanskrit gelernt hätte, könne sie seine Werke lesen. Guru Nanak hatte Ptah Nofru in seine Sprache eingeweiht, so dass sie nun auch in der Lage war, sich in der Hindusprache zu verständigen Mit Sanskrit und Hindu sei sie in der Lage, sich auch alleine in Indien zu bewegen und sich zu dort verständigen. Das war die Voraussetzung dafür, dass sie in der Fremde leben könne.

Guru Nanak war in der Lage, die Mehrdimensionalität sichtbar zu machen. Er kombinierte Zahlen und Buchstaben und setzte 64 Energieformen dazu. Niemand außer Guru Nanak war in der Lage, das komplizierte System wieder zu entziffern. Dann lernte er seine Frau kennen, die ihm die Hygroglyphen beibrachte. Malte sie einen Löwen, war die Kraft des Löwen gemeint. Eine Feder bedeutete ein „E" und ein „i". Sie hatte die Vorstellungskraft von ihrer Mutter geerbt und die Kraft des Geistes von ihrem Vater. Ein kostbareres Erbe konnte sie bei Geburt gar nicht erhalten. Mit ihrem Leben auf Kreta hatte sie auch die griechische Mythologie kennengelernt. Der rote Faden der Ariane hatte ihr schon immer gefallen und sie wusste, wie sie aus dem Labyrinth wieder herauskam. Das ungleiche Paar überwand alle Hindernisse.

Während der Mahlzeit unterhielten sie sich darüber, was sie gemeinsam am Abend unternehmen wollten. Wie schon in den vergangenen Zeiten, hatte Daniel einen Wunsch offen, den er in der Nacht von Ptah Nofru erfüllt bekam. Er wünschte sich, dass sie nach dem ersten Abend mit seinen Schülern gemeinsam Musik hören. Die gleichen Musiker, die in der vergangenen Nacht für die Eltern gespielt hatten, würden nun bei Freunden sein. Die Musik erinnerte sie an die Saiteninstrumente der Ägypter. „Eli Schufto" war ein Liebeslied, das sie sehr mochte. In Ägypten war es die Od, in Indien ein anderes Seiteninstrument. Beide Musikinstrumente hatten eins gemeinsam, die Musik umspielte die Seele und kein Mensch konnte sich dem erwehren. Daniel stimmte ihr zu.

Sie begrüßten die 15 Frauen und Männer, die den Weg zu ihnen gefunden hatten. Alle hatten in früheren Zeiten die Lehren der Sikh-Religion kennengelernt und sie waren glücklich darüber, dass Guru Nanak jetzt wieder mit seinen Schülern und

Schülerinnen zusammen war. Jedes Werk, das er in die Heimat geschickt hatte, war wie ein geschliffener Diamant für sie und jedes Wort war für sie von unschätzbarem Wert.

Er habe seinen Klaren Geist in der griechischen Sonne geschliffen. Die frühe Antike, Sophokles und die griechischen Mythologien und Legenden waren wie eine Offenbarung für ihn. Er habe mit den griechischen Gelehrten darüber gesprochen, dass es viele Religionen in Indien gab, aber nur einen Avalochitesvara-Rochalla-Stern, der sowohl am Abend als auch am Mittag strahlte. Buddha Avalochitesvara 1000-armig ist in Indien bekannt. Der Name Rochalla war für alle Menschen dieser Welt unbekannt. Auf Sanskrit spreche man von der Atman-Seele, die so aber nicht mehr existierte. Aufgrund der globalen und kosmischen Geschehnisse habe sich die Atman-Seele verausgabt. In Ägypten war es der Schöpfergott „Ptah", der dem Apitz-Stier alle Kraft gab, die er besaß. Die Kraft wurde mit den Jahrtausenden aufgebraucht. Der

Schöpfergott hatte all seine Kraft verbraucht. Dazu zählten die alles erschaffende Gotteskraft, die alles durchdringende Gotteskraft und die aus sich wirkende Gotteskraft. Das einzige, was noch von seiner Gotteskraft geblieben sei, war das Wazepter, ein Wunder des Universums. Die, die Jahrtausende lang von diesem Wazepter profitiert hatten, gingen nun leer aus. Es gab keine Gotteskraft mehr, wie sie es von Gott Ptah kannten. Der Apitz-Stier habe ebenso seine Kraft verloren. Überall im Universum sei zu beobachten, dass das Zerstörerische überhand gewann. Krankheiten und Katastrophen breiteten sich auf der Welt aus, die Menschen würden von Epidemien und Seuchen dahingerafft. Wer das überlebte, kam durch Vulkanausbrüche, Stürme, Taifune und Harrikane ums Leben. Die Schiffe würden versinken und der heilige Apitz-Stier ging in die Knie.

In Ägypten habe der Kaiser Amenemhet IV. Mahakalla TD, die Wurzel allen Übels, scharenweise vernichtet. Der wichtigste Punkt sei der, die

Schwarze Materie in eine andere Richtung zu bringen. Ptah Nofru hatte von ihrer Mutter Isis gelernt, wie man Mahakalla TD ins Schwarze Loch des Kosmos entsorgen kann, so dass Tod und Teufel, Pech und Schwefel elendig zugrunde gehen müsse. Guru Nanak gab seiner Frau Ptah Nofru das Wort. Es gibt nur eine Macht, die dem Bösen Einhalt gebieten könne. Ptah Nofru sagte, dass ihre Mutter Isis diese Kraft besitze. Die Göttin Isis sei die Grüne Tara, Rochalla die Kämpferin, die diese Kraft besitze, den Durchgang durch die Schlucht durchzuführen, immer in dem Bewusstsein, dass sie damit ihr eigenes Leben aufs Spiel setze. Nach jedem Durchgang half Dorje Sempa ihr durch eine spezielle Heilung, die nur von ihr durchgeführt werden könne. Ptah Nofru hatte den Auftrag von ihrer Mutter Isis erhalten, Durchgang durch die Schlucht anzuwenden. Sie stehe in ständigem Kontakt mit ihrer Mutter und mit ihrem Vater, die sie unterstützen. Trotz alledem hatte Pta Nofru h, oder gerade deswegen, eine so schwere

Mahakalla TD-Attacke überlebt. Ihr Mann habe mit ihrer Mutter Isis Kontakt aufgenommen und alles getan, damit sie am Leben blieb. Göttin Isis führte Tag und Nacht Durchgang durch die Schlucht durch. Sie durfte nicht eine Sekunde pausieren. Das Leben Ihrer Tochter stand auf dem Spiel. Das globale Gitternetz und die Seele ihrer Tochter war bereits so stark verletzt, dass sie keine Hoffnung mehr hatten, dass Ptah Nofru am Leben bleibe. Guru Nanak kämpfte auf allen Ebenen. Er betete zu Buddha Avalochitesvara 1000-armig und bat ihn um Unterstützung.

Er gab bekannt, dass er an den nächsten Abenden Einzelheiten über den Klaren Geist offenbaren wolle. Seine Ehefrau würde immer anwesend sein. Es wäre gut, wenn sie alle die Seele durch gute Musik stärken würden. Keiner von seinen Schülerinnen und Schülern war sich dessen bewusst, welches Ausmaß die Katastrophe bereits genommen hatte. Sie nahmen in dem Raum Platz, in dem die Musiker sich schon eingespielt hatten. Ptah

Nofru sprach mit Guru Nanak, ob er erlaube, dass sie tanze. Sie stand in der Mitte der freien Fläche, schloss die Augen und nahm die Atmosphäre wahr. Sie beugte sich etwas in die Knie und nahm beide Hände, um die Energie von oben zur Seite zu führen. Ptah Nofru begann damit, alles, was sie gesagt hatte, noch einmal tänzerisch darzustellen. Jeder bekam eine Vorstellung davon, was mit Durchgang durch die Schlucht gemeint sei. Keiner sagte ein Wort. Der Tanz war zu Ende und beide fuhren nach Hause. Dort angelangt, tupfte Ptah Nofru die Haut ihres Mannes mit einem in Weihrauch getunktem Tuch ab. Sie schliefen fest aneinander geschmiegt sofort ein.

Mahakalla – TD-Attacke in Indien

Ptah Nofru saß kerzengerade im Bett und keuchte. Der Atem stockte und blockierte in der Nähe ihres Brustbeins und ihr Herz raste sehr schnell und klopfte vor Angst. Da war es wieder. Sie hatte einen Alptraum, in dem Mahakalla TD die Hauptrolle spielte. Sie berührte Daniel ganz vorsichtig und erzählte ihm den Alptraum. Es war dieses Mal keine Lungenentzündung, davon konnte er sich überzeugen. Mahakalla TD hatte ihre Seele verletzt. Das Böse wusste genau, dass sie ihn damit am tiefsten treffen konnte. Er wandte die gleichen Riten an, wie damals auf Kreta und schloss seine Heilung damit ab, dass er ein Gebet mehrmals hintereinander betete. Er hielt sie fest in seinen Armen. All ihre Verspannungen im ganzen Körper lösten sich und sie konnte nun normal weiteratmen. Daniel versprach, die ganze Nacht bei ihr zu bleiben und sie vor Mahakalla TD zu schützen.

Sie bekam insgesamt vier Mal das Herzrasen und die Blockierung der Lungen war sehr schmerzhaft. Beide waren jeweils so stark damit beschäftigt, Mahakalla TD zu entfernen, das sie nicht bemerkten, dass ihre Seele und das Gitternetz sich wieder erholt hatten.

Ptah Nofru legte sich noch einmal ins Bett, um sich von den Anstrengungen der Nacht und von Mahakalla TD zu erholen. Daniels Vorbereitungen waren abgeschlossen und er erwartete seine Schülerinnen, die entsetzt waren über das, was Ptah Nofru passierte. Gestern Abend hatte sie noch davon gesprochen, dass sie gelernt habe, Mahakalla TD zu entfernen. Danach tanzte Ptah Nofru auf eine wundervolle Art und Weise, so dass alle begeistert davon waren.

Ptah Nofru zog sich in ihr Zimmer zurück. Sie wollte etwas für sich sein, malen und schreiben, wie sie es zu Hause in Alexandria und auf der Insel immer getan hatte. Sie gestaltete ihren Altar mit frischen Blumen, Kerzen und ätherischen Ölen. Sie nahm sich vor, am nächsten Morgen mit David zusammen Weihrauch zu kaufen. Weihrauch reinigt die Atmosphäre und ist gut für die Atemwege, das hatte sie von Dorje Sempa erfahren. Ptah Nofru kannte die wohltuende Wirkung aber auch aus Ägypten. Den Rest des Weihrauchs legte sie auf eine Schale und stellte eine Kerze darunter.

Sie wurde von ihren Schwiegereltern angesprochen, ihre Erfahrungen mit der zerstörerischen Materie in einem Buch niederzuschreiben. Hocherfreut über das Interesse ihrer Schwiegereltern wollte sie gleich am nächsten Tag damit beginnen. Sie fühlte sich verantwortlich dafür, ihre Kenntnisse weiterzugeben. Es waren Übungen und Gebete, Heilkunst und Durchgang durch die Schlucht. Diese Meditation würde sie nicht weitergeben, da sie ihrer Mutter versprochen hatte, es nicht zu tun. Es gab sicherlich einige junge Frauen, die ihrer Familie das Beste geben wollten. Das konnte Ptah Nofru sehr gut nachvollziehen. Es gab keine Heiler in Indien, die Mahakalla TD entfernen konnten. Daniel hatte seine Sitzung beendet und kam zu ihr in ihren Raum. Er war froh, sie schon wieder so aktiv zu erleben. Sein Nachtwunsch war, seine Eltern zu besuchen und Ptah Nofru stimmte freudig ein. Es würde sie auf andere Gedanken bringen und sie musste sich von ihrem Stress erholen. Sie saßen zusammen im gemütlichen Zimmer und sprachen über die Geschehnisse in Indien. Es gab große Spannungen im Land, weil sich verschiedene religiöse Gruppierungen verfeindet hatten. Besorgt fragte sie Daniel, ob die Sikh-Religion von diesen Spannungen ebenfalls betroffen sei. Er beruhigte sie und sagte, dass das nicht der Fall wäre. Es gab große Unterschiede unter den Anhängern der Atman-Seele und Anhängern, die den Klaren Geist bevorzugten. Guru Nanak sagte, dass er mit der Sikh-Religion sowohl die Atman-Seele als auch den Klaren Geist integriere. Alle überlegten, wie sie den gesundheitlichen Zustand von Ptah Nofru stabilisieren können. Die Stadt Mombay hatte mehrere Bäder, von denen das eine in der Mitte der Stadt besonders schön sei. Diesen Morgenwunsch wollte er ihr gerne erfüllen. Mit der Aussicht darauf, am nächsten Morgen im Wasser zu sein, wurde sie sofort besser gelaunt.

Daniel war besorgt, wenn er seine Frau ansah. Sie, die sonst sehr aktiv war, saß blass in der Ecke und versuchte vergeblich, sich zu konzentrieren. Mahakalla TD hat große Teile ihrer Seele zerstört und das globale Gitternetz war nicht mehr in der Lage, die Energien in alle vier Richtungen zu bewegen. Das Schlimme war, dass sie nicht mehr in der Lage war, die Sphärenmusik zu hören. Das globale Gitternetz war mit schwarzen Spitzen des Energiefeldes überzogen. Ihre Seele hatte sich verkrampft und auch nach Stunden war sie nicht in der Lage, durchzuatmen. Die Schwiegermutter bereitete ihr ein kühles Getränk. Sie betete für Ptah Nofru, dass sie bald wieder gesund sei.

Als sie aus dem wunderschönen Bad kamen, dass mit Mosaiksteinen verziert war, ging es ihr schon besser. Die Atman-Seele hatte sich etwas erholt und sie war in der Lage, das magische Gitternetz anzusehen. Nach dem Bad fuhr Daniel und Ptah Nofru zum Juwelier. Er wollte ihr eine große Freude machen und er schenkte ihr einen Diamantring, der mit zwei Rubinen und einem großen Diamanten in der Mitte besetzt war. Sie wusste, dass der Rubin ein Symbol für die Lebensenergie ist und der Diamant war das Zeichen für die Schwarze Diamant Tara. Ptah Nofru war hocherfreut und sie bedankte sich bei Daniel auf ihre spezielle Art und Weise. Er wusste, wie gerne sie Schmuck trug. Sie war insgesamt eine sehr genügsame Frau, konnte sich aber nicht zurückhalten, wenn es um Steine und Schmuck ging. Als sie zu Hause ankamen, sprach sie mit Daniel darüber, was die Schwarze Diamant Tara anbetraf. Welche Funktion hatte sie auf Ebene sechs des Sterns. Gab es noch weitere

Taras? Waren sie alle für die Gotteskraft zuständig? Unterstützen der Diamant und die zwei Rubine sie darin, wieder ihre Lebenskraft zurückzufinden und gesund zu werden?

Er konnte ihre Fragen nicht beantworten und bat Ptah Nofru darum, sich in ihren geistigen Gesprächen mit ihrer Mutter auszutauschen. Es gibt neben der Grünen Tara, Dorje Sempa und Schwarze Diamant Tara noch Wangshuk Doelma. Jede Tara habe auf der Ebene vier eine besondere Funktion und Stellung. Ptah Nofru hatte große Sehnsucht nach ihrem Vater und ihrer Mutter. So bald wie möglich wollte sie sich auf den Weg machen. Ihre Schönheit und die Anmut ihrer Bewegungen sowie ihr wacher Geist führten dazu, dass er sich keinen Tag von ihr trennen konnte.

Er machte den Vorschlag, die Reise nach Alexandria so schnell wie möglich anzutreten und hoffte, dass die Pest- und Cholera-Epidemie vorbei sei. Seine Schüler müssen noch einmal eine

Weile ohne ihn auskommen und seine Werke auch ohne ihn studieren. Sie wollten beide eine Weile bei ihren Eltern bleiben, so lange, bis sie wieder richtig gesund sei. Ptah Nofru und Daniel verbrachten einige Stunden damit, seinen Vorschlag zu besprechen. Sie einigten sich darauf und Daniel schaute sich nach den Schiffsfahrkarten um. In 1 ½ Tagen würde die Reise beginnen. Ptah Nofru wusste gar nicht, wie sie ihm danken sollte. Sie war sicher, dass sie in ihrem heißgeliebten Ägypten wieder ganz gesund werden würde.

In der achttägigen Reisezeit war Daniel damit beschäftigt, die Sikh-Religion weiter aufzubauen. Ptah Nofru verhielt sich ganz ruhig und schaute voller Liebe zu ihrem Mann. Sie brauchte die Ruhe, um sich zu erholen. Dieser Zustand der Schwäche war für sie sehr unangenehm. Normalerweise war sie sehr aktiv und so kannte Daniel sie auch. Sie hatten keine Nachricht an ihre Eltern gesandt, von daher wurden sie auch nicht abgeholt. Als sie den Palast betraten, wurden sie freudig begrüßt. Sie erhielten ein wunderschönes Zimmer zugeteilt, in dem sie sich während ihres Aufenthaltes in Alexandria sehr wohl fühlen würden. Daniel wartete sehnlich darauf, dass er seine Frau in die Arme schließen konnte. Er wollte sie necken und zog sie auf das Bett. Daniel konnte nicht aufhören damit, sie zu küssen. Sie kam außer Atem, legte sich auf seinen Bauch und sie kitzelte ihn. Beide lachten vor Freude. Es war so, als würden sie sich das erste Mal lieben. Sie kannte jede Stelle seines Körpers und wenn sie ihn massierte, schmolz er dahin. Sie liebte alles an ihm, von den Haarspitzen bis zu den Füßen. Sie begann mit der Fußzonenreflex-Massage, arbeitete sich seinen Körper hoch bis zum Kopf und führte dann ihre Hände den Nacken und die Wirbelsäule hinunter. Es war keine normale Massage, sie berührte ihn auch nicht. Mit ihrer Vorstellungsgabe sendete sie Energie zu allen Punkten. Es war etwas Geistiges. Zum Schluss ging sie zum Schultergelenk bis hinunter zu seinen

Händen, die sie ganz besonders liebte. Es war Heilung in der Art und Weise, wie sie es von Tara Dorje Sempa gelernt hatte. Ptah Nofru genoss es, wenn Daniel begann, sie zu verwöhnen. Seit der Zeit, als sie verheiratet waren, gab es keinen Tag, an dem sie sich nicht gegenseitig massiert hätten. Sie cremten sich gegenseitig ein und aßen Süßigkeiten von Mund zu Mund. Vieles hatten sie neu entdeckt in den vergangenen Jahren, einiges modifiziert, aber im Mittelpunkt stand immer die Lust, sich gegenseitig eine Freude zu bereiten.

Als sie zu den Eltern hinuntergingen, lag ein Schmunzeln auf ihren Gesichtern, da sie das Lachen der beiden gehört hatten. Amenemhet IV. nahm sie in seine Arme und sagte mein Augenstern zu ihr. Ihre Mutter zog sie an sich und sie strahlte vor Glück, dass ihre Tochter bei ihr war. Sie waren froh, berichten zu können, dass keine neuen Fälle mehr aufgetaucht seien. Amenemhet IV. wollte von seinem Schwiegersohn Daniel wissen, wie weit er mit seinen Forschungen gekommen sei. Er habe die Gesundheit von Ptah Nofru in den Mittelpunkt gestellt, was sich ja auch bewährt hatte, antwortete er. Bis auf die Attacke eine Woche zuvor, ging es ihr gut.

Es war 3:00 h morgens. Ptah Nofru saß aufrecht im Bett und rang nach Atem, der blockiert war. Sie kannte dieses Phänomen und jedes Mal wenn sie nicht in Alexandria und am Meer war, bekam sie keine Luft, weil die Nasenschleimhäute ausgetrocknet waren. Daniel versprach ihr, sie ganz früh ans Meer zu begleiten. Es war die richtige Entscheidung gewesen, einige Zeit in Alexandria zu verbringen. Das Meer würde beiden gut tun. Ptah Nofru lag in seinen Armen und er versuchte, sie zu beruhigen, aber ohne Erfolg. Sie inhalierte mit Meersalz, ein Rezept, das sie sehr gut aus ihrer Kindheit kannte. Daniel erfüllte ihren Morgenwunsch, indem er sie zum Meer brachte. Er wanderte stundenlang mit ihr über den Strand, wohl wissend, dass sie nun Bewegung brauchte. Nachdem sie eine Stunde auf dem Strand gelaufen waren, die Arme wie ein frischverliebtes Pärchen verschränkt, nahm Ptah Nofru etwas von dem Meersalz mit, damit sie im Haus ihrer Eltern inhalieren wollte. Sie fand das Zimmer mit ihrem Altar noch genauso vor, wie in der Zeit, als sie noch zuhause lebte. Vom Strand hatte sie Muscheln und Steine mitgenommen, die sie nun in ihrem Zimmer wie ein Mandala ausbreitete. Zurückgekehrt in den Palast ihrer Eltern, wurden sie von ihrer Mutter freundlich begrüßt. Sie hatte genau das Richtige getan. Meeresluft ist das richtige Mittel gegen trockene Nasenschleimhäute und Ptah Nofru fühlte schon Linderung.

Nachdem Spaziergang am Meer, der beiden sichtlich gutgetan hatte, ruhten sie sich etwas aus, nachdem Ptah Nofru mit ihrer Mutter vereinbart hatte, dass sie sich am Nachmittag treffen würden.

Ptah Nofru begleitete sie zu den täglichen Ritualen, die Göttin Isis seit ihrer Jugendzeit durchführte. Sie legte wunderschöne Blumen auf den Thron der Taras und begann ein Gebet zu sprechen, mit der Bitte, ihrer Tochter Schutz und Hilfe zu gewähren. Sie legte mehrere Blüten auf die Atman-Seele BA und für Buddha Chenrezig. Zum Abschluss visualisierte sie sich und ihre gesamte Familie in den Avalochitesvara-Rochalla-Stern, den größtmöglichen Schutz, den sie kannte. Sie sprach mit Ptah Nofru darüber, dass es sehr wichtig sei, dass sie sich in den Avalochitesvara-Rochalla-Stern visualisiere, bevor sie mit dem Durchgang durch die Schlucht begann. Diese Meditation sei sehr wirksam, berge aber auch einige Hindernisse und Gefahren.

Ihre Mutter machte ihr den Vorschlag, dass sie bis zu ihrer Abfahrt nach Indien jeden Tag mit ihr den Durchgang durch die Schlucht machen würde. Ptah hörte aufmerksam zu, als ihre Mutter Isis ihr erklärte, wie sie die geistigen Waffen gegen die zerstörerische Energie einsetzen müsse. Kreuzschwerter, Krummsäbel und Schlangen hatten die größte Bedeutung in der Visualisation. An dieser Stelle würde die zerstörerische Wut von Mahakalla TD so stark aufgespalten, so dass sie sich nicht mehr gegen die Kraft von außen wehren konnten.

Göttin Isis weihte ihre Tochter in die Grüne Tara, Dorje Sempa, und die Schwarze Diamant Tara ein. Die Einweihung in die Grüne Tara bedeutete, dass Ptah Nofru nun als Rochalla die Kämpferin agieren dürfe. Es sei wichtig, dass sie alle Aspekte der Grünen Tara visualisieren könne. Die Grüne Tara sitze auf einem Lotussitz und halte ihren rechten Fuß etwas außerhalb des Lotussitzes. In der rechten Hand trage sie eine wunderschöne Blüte. Die Grüne Tara sei sehr schön anzuschauen und sie habe eine wunderschöne Krone auf dem Kopf.

Das Mantra, das Göttin Isis ihrer Tochter schon einmal mitgeteilt hatte, lautete „OM TARE TU

TARE TURE SOHA": Je öfter sie das Mantra sagen würde, desto eher würden auch die anderen Taras mitschwingen. Die Grüne Tara würde als erste im Avalochitesvara-Rochalla-Stern ihre Gotteskraft entfalten. Danach kamen Dorje Sempa sowie die Schwarze Diamant Tara. Dorje Sempa habe ein 100-Silben-Mantra, das mit „OM BENSA SATO HUNG" ende. Das Mantra entfalte sehr schnell eine enorme Kraft, mit der sie heilen könne. Die Mantras bedeuteten, dass die jeweilige Tara aktiv würde.

Auf dem Heimweg versicherte ihre Mutter, dass sie die Gotteskräfte der anderen Taras in den nächsten Tagen erläutern würde. Jede Tara könne man sehr deutlich im Energiefeld und im magischen Gitternetz an den Farben erkennen. Smaragd-grün türkis-blau ist die Farbe der Grünen Tara (Klarer Geist)und gold-gelb die Farbe von Dorje Sempa (Seele). Alle würden in dieSchwarze Diamant Tara eintauchen. Wichtig sei, dass sie mit ihr zusammen zur Grünen Tara und Dorje Sempa bete und mit ihnen rede. Den Kontakt zur Grünen Tara aufzubauen bedeute, gegen die Übermacht von Mahakalla TD zu kämpfen. Ptah Nofru wollte wissen, ob sie sich erst einmal selber schützen könne, bevor sie mit dem Durchgang durch die Schlucht anfangen würde. Durchgang durch die Schlucht und die anschließende Heilung von Dorje Sempa sei der allerbeste Schutz. Sie hatten schon einmal vor ihrer Reise nach Indien darüber gesprochen, dass Ptah Nofru einen lebendigen Kontakt zur Grünen Tara aufbauen müsse. Smaragd-grün türkis-blau sei die Farbe des Klaren Geistes. Ihre Mutter betonte noch einmal, dass der beste Schutz der sei, wenn sie zweimal die Meditation Durchgang durch die Schlucht durchführe. Das würde auch Guru Nanak und seinen Forschungen in Sachen Avalochitesvara-Rochalla-Stern weiterbringen. Sie solle ihren Mann darum bitten, sie in ACH einzuweihen.

Daniel trug Ptah Nofru nicht nur auf Händen in ihr Gemach, sondern legte sie auf das Bett, ging hinunter in die Küche und bereitete alles vor, damit sie mit Meersalz inhalieren konnte. Er legte ein Tuch über ihren Kopf und seine Hände auf ihre Schultern. Ihr ganzer Körper war verspannt, sie bekam eine Panikattacke, die Luft ging ihr aus und sie schaute Daniel hilfesuchend an. Ihre Eltern und er wachten abwechselnd an ihrem Bett. Ptah Nofru hatte keine Lungenentzündung von Mahakalla TD, sondern starkes Asthma, das ihr die Luft nahm. Sie hatte so starke Schmerzen, dass sie laut weinen musste. Wenn sie sich hinlegte, wurde es nur noch schlimmer. Das einzige, was half, war seine wohltuende Stimme und die Sphärenmusik. Sie legte ihren Kopf an seine Schulter und lauschte jedem Wort. Sobald sie sich auf seine Worte konzentrierte, ging es besser.

Sie begann spontan damit, mit dem Rhythmus seiner Atmung ein- und auszuatmen. Guru Nanak und seine Schülerin und Partnerin saßen auf einem Boot. Sie hatten ihre Reise mit dem wunderschönen Segelboot in Kairo begonnen. Die drei Pyramiden von Gizeh standen majestätisch in der Wüste, die Sonne ging als großer glutroter Ball unter. Der Besitzer und sie ritten auf dem Rücken der stattlichen arabischen Pferde um die Pyramiden herum. Ptah Nofru war eine gute Reiterin, sie ritt besser als Daniel, hatte sie doch in ihrer Jugend ein eigenes Pferd besessen, als sie noch im Königspalast lebte. Der Pferdebesitzer bat Daniel die Zügel nicht zu stramm zu halten, da das Pferd ansonsten davonpreschen würde. Auf dem Rückweg hatten sie die Pyramiden im Rücken und als sie wieder im Reitstall ankamen, sattelten sie ihre Pferde ab und streichelten ihre Köpfe. Sie ließen sich von einer Kutsche zur Anlegestelle der Segelboote fahren. Auf der Rückfahrt wollte er Mostafa El Badry besuchen, der an der Universität Kairo Religion, Kunst, Kultur und Literatur studierte. Daniel und er hatten sich in Kairo kennengelernt, studierten sie doch die gleichen Fächer. Mostafa El

Badry sei auf wichtige altertümliche Literatur gestoßen, die er sobald wie möglich mit Guru Nanak besprechen wollte. Sie hatten seit Beginn des Studiums alles miteinander geteilt. Eine neue Welt hatte sich ihnen aufgetan. Sie wussten im gleichen Moment, wie wertvoll der Fund sei, brachte dieses Buch doch Antworten auf Aspekte, die sie gerade selber erst entdeckt hatten. Sie vereinbarten, sich zum nächsten Vollmond in Alexandria zu treffen. Kaiser Amenemhet IV. hatte beide eingeladen, zu ihm zu kommen. Alexandria war die Stadt der Bücher und Gelehrte. Bücher in allen Sprachen konnten ausgeliehen werden. Bücher über Kultur, Kunst, Religion und Mathematik. Als Daniel das erste Mal in dieser kostbaren alten Bibliothek war, ließ er in aller Ruhe seinen Blick auf all die Regale schweifen, die so viele Kostbarkeiten beherbergten. Er wusste sofort, dass er in Alexandria länger bleiben würde. Er konsultierte jeden Tag Kaiser Amenemhet IV. und berichtete ihm von den neuesten Ergebnissen. Kaiser Amenemhet IV. war von dem jungen Gelehrten hellauf begeistert, teilten sie doch ihre Interessen in Wissenschaft und Forschung. Amenemhet IV. hatte Daniel; der seit einem Jahrzehnt sein Schwiegersohn war, gebeten, in Luxor zu forschen. Er selber war schon einmal in Karnak gewesen und hatte die hohen Säulen bewundert, war aber selber nicht fündig geworden. Nun hatte er Daniel damit beauftragt, die heiligen Bücher in der ganzen Welt ausfindig zu machen. Der Kaiser war daran interessiert, den Atman-Stern kennen zu lernen. Guru Nanak kam aus einem Land, in dem es 1000 Möglichkeiten gab, der Atman-Seele Gottes zu huldigen. Es gab aber in der Zeit, als er noch in Indien lebte, keine Informationen über den Klaren Geist von Avalochitesvara-Rochalla. Buddha und sein Klarer Geist wurde verehrt und seine Lehre zur Reinkarnations- und Karma-Lehre wurde weltweit bekannt. In Indien waren Gurus und Eremiten nichts Neues. Die Lehre Buddhas war weniger vom Studium der heiligen Bücher geprägt, als davon, dass Buddha den

Weg zur Erleuchtung lehrte. Jeder Mensch, ob arm oder reich, jung oder alt hatte die Möglichkeit, erleuchtet zu werden. Buddha lehrte, dass es im Buddhismus keine Trennung in Kasten gäbe, noch in Brahmanen oder in Frau und Mann. Buddha Shakiamuni kam aus einer Königsfamilie und der Vater war einzig daran interessiert, dass sein Sohn ein großer Krieger würde. Buddha lebte in verschiedenen Ashrafs und erhielt wichtige Belehrungen von Gurus, die ihm auf dem Weg zur Erleuchtung alles beibrachten, was sie kannten. Aber den letztendlichen Weg zur Erleuchtung ist er alleine gegangen. Sein Klarer Geist, der sich befreit hatte, war frei und in der Lage, sich auf dem Energiefeld und dem Gitternnetz zu bewegen. Er war eins mit dem Bewusstsein von allen. Der Klare Geist kannte keine Grenzen, er war weder an Zeit- noch an Raum gebunden. Buddha hatte diesen Weg eingeschlagen, um alle Menschen von ihrer Unfreiheit zu befreien. Er lehrte, dass sich die Menschen von

Mahakalla TD und von ihrem Karma befreien müssen, damit sie erleuchtet werden. Die Absicht sei wesentlich. Karma entstehe durch Unwissenheit, Hass , Wut und Zorn. Sie können ein positives Karma mit guten Gedanken und Worten, Gefühlen und Taten aufbauen. Buddha sei seit seiner Erleuchtung in der Lage, Karma und Dharma bei den Menschen zu sehen und zu unterscheiden. Er könne Karma aber nicht wegwischen oder entfernen. Karma führe unweigerlich zu einem Leben in Neben- oder Haupthöllen nach dem Tod. In dem Moment, wo sich sein Klarer Geist erleuchtete, kannte er die Befreiung vom Tod. Er war erleuchtet und frei von jeglicher Angst vor dem Tod, vor Krankheit und Leiden. Buddha lehrte voller Mitgefühl und sein Bestreben war, alle Menschen vom Leiden zu befreien. Seine Ehefrau Jaschodra, ja sogar seine Eltern folgten ihm. Er teilte mit seinen Mönchen nicht nur das Wissen über den Klaren Geist, sondern auch die Mönchsrobe und das Essen, das sie erbetteln mussten. Buddha gründete einen Ashraf, war seinen Schülern ein guter Lehrer und hinterließ eine kleine Gruppe von Schülern, die sein Werk weiterführen würden. Seine Asche wurde an verschiedene Könige verteilt, die ihm zu Ehren einen Stupa bauen ließen. Alle strebten danach, erleuchtet zu werden.

Eines Tages, so erzählte eine Schülerin, habe sie an einem ruhigen See gestanden und auf die Oberfläche geschaut. Sie sah die Spiegelgleichheit und auf der Spiegeloberfläche nahm sie mehrere Buddha-Gesichter wahr. Groß, klein, winzig, majestätisch, lächelnd und lachend. Die Wolken hatten sich auf der Seeoberfläche gespiegelt. Seit dieser Zeit würde sie, die sie Buddhistin geworden sei und bei Buddha, Sangha und Lehre Zuflucht genommen habe, die Wolken beobachten. Es gab andere Phänomene, die sie beobachten konnte, dann, wenn keine Wolken zu sehen waren. Konzentrierte sie sich auf die Augen eines Heiligen, konnte sie die Spiegelgleichheit ebenfalls beobachten.

Buddha Shakiamuni habe sich von Kindheit an mit der Wahrheit beschäftigt, die Wahrheit, das Wort und die Weisheit. Ohne dem ist der Klare Geist nicht in der Lage, menschliches Leben zu heilen.

Ptah Nofru kannte die Bezeichnung unter KA, BA, ACH in Ägypten, wobei Gott Maat eine besondere Stellung innehatte.

In allen Religionen, so auch im Buddhismus und in der Sikh-Religion spielt das Karma eine große Rolle für die Wiedergeburt als Mensch. Die Möglichkeit als Mensch wiedergeboren zu werden, bestand nur, wenn dieser ein Leben ohne Karma geführt hatte und einen großen Klaren Geist hatte. Der Klare Geist von Buddha Shakiamuni war überall, grenzenlos, zeitlos und nicht an Raum und Zeit gebunden, war unzerstörbar. Keine Kraft dieser Welt war in der Lage, den Klaren Geist und seine Aspekte zu zerstören. Er konnte sich überall im Raum aufhalten.

Buddha Shakiamuni habe zu jeder Zeit gewusst, ob es seiner Ehefrau und seinem Sohn gutgehe. Jahoundra litt am meisten darunter, dass er so selten im Palast war. Sie und ihr Sohn sahen Buddha in drei Jahren nur ein einziges Mal. Ihre Liebe zu Buddha war grenzenlos und sie begann, sich von ihm belehren zu lassen. Das erste, womit sie sich beschäftigte, war die Energiefeldaufstellung und das heilige rautenförmige Gitternetz, das aus verschiedenen Farben bestand und jeweils eine andere Bedeutung hatte. Die Energieformen haben unterschiedliche Bewegungen und Richtungen.

Buddha habe nur sehr wenige Schüler angenommen, Schüler, die in der Lage waren, den Klaren Geist, nachzuvollziehen. Buddha habe geheilt mit dem Klaren Geist und er schützte die Menschen vor den Unbilden von Mahakalla TD. Er habe in kurzer Zeit das Buch Buddha geschrieben, so dass die Gelehrten überall seine Belehrungen nachvollziehen konnten. Buddha lehrte, dass Buddha Chenrezig, Buddha Manjushri, den Buddha der

Weisheit, und Buddha Avalochitesvara beide Aspekte vereine. Nur wenige Menschen seien in der Lage, mehr als eine Reinkarnation zu erlangen. Voraussetzung dafür sei, dass sie Zuflucht zu Buddha genommen haben. Für seine Schüler und Schülerinnen galt, dass sie alle Meditationen vollziehen müssen, die er vorgeschrieben hatte. Erleuchtung des Klaren Geistes und das Dewachen war Ziel für alle. Schritt für Schritt machte er sie mit dem gesamten Avalochitesvara-Stern bekannt.

Nil Fahrt – Luxor Karnak

Die Nil Fahrt mit dem Segelboot hat beide begeistert. Eselkarren fuhren rechts am Ufer vollbepackt mit Schilf. Das Wasser des Nils geleitete ruhig vor sich hin. Der Nil war im Alten Ägypten heilig, ähnlich wie der Ganges in Indien.

Ptah Nofru liebte den Fluss und sie fühlte sich jedes Mal sehr wohl, wenn sie die Strecke bis Luxor oder Assuan fuhr. Die Landwirtschaft war von ihm abhängig, vom Steigen oder Fallen des Nils. Einige Legenden rankten sich darum, woher er sein Wasser speise und das es sieben Quellen des Nils gab. Die Blumen blühten an den Seiten in voller Pracht, Blumen, die Ptah Nofru sehr mochte. Es wurde dämmrig. Daniel stand hinter ihr und umschlang sie liebevoll. Sie schauten gemeinsam auf den Fluss bis sie in Luxor anlegten. Ptah Nofru kannte die Stadt, war aber immer wieder über die riesigen Säulen mit den vielen Hieroglyphen begeistert. Die Kolosse zu Beginn der Stadt waren ebenfalls riesig. Sie fanden ein sehr gutes Hotel und ließen sich am frühen Morgen wecken. Ihr Morgenwunsch war, mit David zusammen einen Tag in Luxor zu verbringen Daniel stimmte freudig zu, weil er Luxor noch nicht kannte.

Ptah Nofru war seit ihrer Kindheit von den Göttern des Alten Ägyptens fasziniert. Nun lernte sie den Hinduismus mit dem Schwerpunkt auf die Atman-Seele und den Klaren Geist des Buddhismus beides durch Daniel kennen. Sein Bestreben war es, eine neue Religion zu gründen, die sowohl Seele als auch Geist berücksichtigte. Durch ihren Aufenthalt auf der griechischen Insel Kreta hatten sie auch die Antike kennen gelernt. David wollte Seele und Geist zusammenfügen. Nur dadurch war eine Reinkarnation möglich. Nur dadurch sei die Wiedergeburt der Seele möglich. Die Erleuchtung des Geistes sei nur dadurch möglich, dass das Karma von Mahakalla TD befreit würde. Die Reinkarnation sei nur für Göttinnen und Götter möglich. Die Erleuchtung sei nur sehr selten möglich, die

Reinkarnation nur alle Zweijahrtausende. Daniel hatte nur ein Ziel, er wollte gleichzeitig mit seiner unsterblichen Liebe Ptah Nofru ins Dewachen und in die Leere kommen. Guru Nanak und Ptah Nofru schauten gemeinsam in den Nachthimmel und entdeckten einen großen Stern, der funkelte. Es waren keine anderen Sterne am Nachthimmel zu entdecken. Daniel erläuterte seiner Frau, dass die Bezeichnungen der Kräfte im Avalochitesvara-Rochalla-Stern aus dem alten Ägypten stammen. Er wiederholte, dass die Tara die Gotteskraft KA sei. BA ist die Seele. Das ACH ist der Klare Geist aller Buddhas und würde im Buddhismus Dewachen heißen, das Paradies, wie es auch genannt wurde. Das ACH ist auch die Spitze der Pyramiden. Es gab mehr als 178 Aspekte des Klaren Geistes, die David alle kannte. Er war in der Lage, mit Avalochitesvara Rochalla zu reden und mit ihm zu kommunizieren.

Das Wichtigste war, dass es Daniel gelungen war KA, BA, ACH im Dewachen zusammenzuführen. Ohne die Taras gäbe es keine Gotteskraft im Universum, die Mahakalla TD erfolgreich vernichten könnten, ohne die Atman-Seele gäbe es keine Leere, Membran und Flies, ohne die Atman-Seele gäbe es keinen Klaren Geist Buddhas. Die Atman-Seele ist das weiße, magische, rautenförmige Gitternetz. Es ist transparent und transzendenz.

Als Daniel und Ptah Nofru die Säulen von Karnak erreichten, begann sie sofort mit der Übersetzung der Hieroglyphen. Daniel war beeindruckt, hatte er so etwas Prachtvolles wie die Säulen von Luxor noch nicht gesehen. Wenn Daniel die Hieroglyphen an den hohen Säulen von Kanak übersetzten wollte, würde er Wochen dafür brauchen. Er hatte Ptah Nofru schon in Alexandria darum gebeten, für ihn die Hieroglyphen zu übersetzen. Sie hatte freudig zugestimmt. Die alten Ägypter nannten die Hieroglyphen „Gottesworte" oder „heilige Zeichen". Sie waren die älteste Schriftsprache überhaupt. Es war der größte Säulensaal Ägyptens und überall im Raum standen Statuen von Königen und Göttern. Nicht Menschen sondern Götter und Göttinnen prägten die Metropole am Nil. Ein Sternenhimmel zierte die Decken vieler Königsgräber. Der Tempel von Philae war der Göttin Isis geweiht, ein Lob der Gottesmutter. Der Tempel von Luxor war zu Ehren des Nils erbaut worden. Jedes Jahr feierten die Ägypter in diesem Tempel, dass der nahe Nil über die Ufer tritt und das Land mit fruchtbarem Schlamm überzieht. Es gab 134 Säulen in Karnak mit je 21 Meter Höhe und eine Fläche von 5000 Quadratmetern.

Daniel war besonders an den Jenseitsvorstellungen der Ägypter interessiert Die Seele war wie ein Vogel mit Menschenkopf dargestellt, die den Namen BA trug. Für die Jenseitswelt war der Totengott Osiris besonders wichtig, er trug ein weißes Gewand und das Wazepter in der Hand. Ptah Nofru hatte sich schon seit ihrer Jugend mit dem Totenbuch der Ägypter beschäftigt und ihr Vater

und ihre Mutter hatten sie gelehrt, sich in der Totenwelt adäquat zu bewegen. Daniel dankte seiner
Frau von ganzem Herzen, hatte sie ihm doch eine
ganz neue Welt aufgetan. Den Toten wurden kost-
bare Grabbeigaben mit ins Grab gelegt, damit sie
sich auch im Jenseits orientieren konnten. Gott O-
siris war für die Totenwelt zuständig und Gott
Maat entschied darüber, wer ins ACH kam. Kein
Verstorbener würde ins ACH kommen, wenn er
nicht sein Karma abgebaut hätte. Im Sterbeprozess spielte die Auseinandersetzung mit Tod und
Teufel, Mahakalla TD, eine wesentliche Rolle. Alle
verstorbenen Könige und Königinnen wollten wiedergeboren werden. Die Wiedergeburt als Mensch
war sehr kompliziert, ja es war fast unmöglich.
ACH, der Klare Geist, war das Thema, mit dem sie
sowohl auf dem Segelboot als auch in Luxor beschäftigt waren. David wusste, dass die Jenseitsvorstellungen der Ägypter nicht richtig waren.
Nach seinem Wissen gab es eine Atman-Seele und
einen Klaren Geist (Buddha) und nicht eine große

Anzahl von Göttern. In Indien, in seiner Heimat, verbrannte man die Toten, was ganz verkehrt war. Der Hinduismus praktizierte das. Die Upanischaden sind Teil des Hinduismus und sind ebenfalls falsch. Der Buddhismus bewahrte den Körper, die Seele und den Geist von Buddha und von den Menschen. Das Totenbuch der Tibeter enthielt Informationen vom Sterbeprozess, die ganz detailliert waren. Aber auch das Totenbuch der Tibeter war verkehrt.

Nur die Avalochitesvara-Rochalla-Lehre, Atman-Seele und der Klare Geist kommen zusammen ins Dewachen. Nur BA und ACH.

Die trockene Nasenschleimhaut war so weit verheilt, dass sie wieder Luft holen konnte. Daniel hatte eine Überraschung für sie. Er führte sie zum Juwelier und schenkte ihr passend zum Diamant-Rubin-Ring ein sehr schönes Armband. Sie war sehr glücklich darüber, dass David so großzügig zu ihr war. Immer, wenn es möglich war, zeigte er ihr seine Liebe. Sie fühlte sich in seinen Armen geborgen und immer, wenn sie in seine leuchtenden Augen sah, hatte sie das Gefühl, als würde sie in zwei Sterne schauen. Seine Stimme war so wohlklingend wie die Sphärenmusik, die sie manchmal hörte. Sie liebte die Worte, alle Worte, die er in Liebe zu ihr sprach. Wenn er sie neckte, musste sie lachen, so lange, bis er damit aufhörte. Er suchte für sie das Parfum aus, womit er sie zu Hause einmassieren wollte. Daniel verwöhnte sie so sehr, dass sie wie eine Katze schnurren musste. Er liebte es, wenn sie sich an ihn kuschelte und sie kannte genau die Stellen, an denen er kitzelig war. Es verging kein Tag, an dem sie nicht irgendetwas Neues ausprobierten. Es musste beiden Spaß machen, das war das Einzige, was beide wollten. So verbrachten sie manche Nacht mit ihren Liebespielen. Es gab nichts, was sie auslassen wollten und es war immer der gleiche Ablauf. Sie überschütteten sich gegenseitig mit Liebesworten, manchmal sprachen sie gar nicht sondern genossen die Stille mit dem anderen zusammen. Es gab besondere Orte, zu denen sie in ihrer Vorstellung gingen, der Strand, das Café in Alexandria, die Natur um die Stadt, Daniel schenkte ihr so oft es ging Blumen. Sie strahlte und freute sich darüber. Er genoss es zu sehen, wie seine Frau immer schöner wurde. Ihr Strahlen hinterließ ihn voller Glück und Freude. Ptah Nofru erlebte es kein einziges Mal, dass er sie kritisierte. Sie war begeistert von seiner Männlichkeit.

Luxor Hurghada Kreta

David hing mit seinen Augen an ihren Lippen, wenn sie eine Hieroglypyhe nach der anderen entzifferte. Für sie war das nichts Besonderes, schrieb sie doch seit ihrer Jugendzeit Hieroglyphen auf Papyrus. Daniel schaute sie voller Bewunderung an. Sie hatte sich die Hieroglyphen autodidaktisch beigebracht und war nun in der Lage, innerhalb kürzester Zeit ganzeTexte zu entziffern.

Als Ptah Nofru von Daniel erfuhr, dass er Guru ist, schaute sie ihn mit strahlenden Augen an. Sie ist Schülerin von Avalochitesvara-Rochalla, etwas Besseres konnte ihr gar nicht passieren. Wer, wenn nicht er konnte sie in die Avalochitesvara-Rochalla-Lehre einweihen. Daniel war nicht nur ein kluger Mann, sondern auch sehr attraktiv dazu. Ihre Liebe wurde von Tag zu Tag schöner und wärmer. Fremde Menschen, die sie draußen zusammen sahen, waren begeistert von der Ausstrahlung des Pärchens.

Daniel bat sie, die mittleren zwei weißen Säulen zu entziffern und beide waren erstaunt, die Osiris-Isis-Legende vor sich zu haben. Osiris und Isis liebten sich bereits im Mutterleib und gaben einander Schutz und Geborgenheit. Deshalb wurden sie als Erwachsene ein Paar.

Osiris bedeutet Sitz des Auges, er ist Gott und Richter der Toten und der Unterwelt, dem DUAT. Vor ihm müssen sich die Toten verantworten, bevor sie ins Jenseits eintreten können. Seine jährliche Wiedergeburt kündigte sich durch den „Himmlischen Nil an". Der Bruder von Osiris mit Namen Seth tötete ihn und zerteilte ihn in 1000 Stücke. Isis hat die Einzelteile wieder aufgelesen und zusammengesetzt. Die Zwillingsschwester von Isis, Nephthys, hatte vorher mit Osiris geschlafen. Sie setzte das Kind aus. Isis fand es wieder und nannte es Horus. Als Erwachsener tötete Horus Seth in einem 4-tätigen Kampf, um den Tod seines Vaters zu rächen.

Göttin Isis hatte die Gabe, ihren Gemahl zwei Mal wieder zum Leben zu erwecken. Gott Maat ist einer der Namen der Göttin Isis. Isis ist eine Göttin der ägyptischen Mythologie. Sie ist die Göttin der Geburt, der Wiedergeburt und der Magie. Sie war aber auch Totengöttin. Sie war die einzige Göttin mit magischen Kräften. „Ich bin Isis, der magische Ach, und ich habe mehr Weisheit als jeder andere Gott."

Daniel und Ptah Nofru fuhren mit einer schwarzen Pferdekutsche zum Nil. Ihr Segelboot würde erst am nächsten Tag losfahren, Zeit genug, sich über die Legende zu unterhalten. Während des Essens blieben sie ausnahmsweise still. Sie erholten sich erst einmal von den Besichtigungen der Säulen in Karnak. Nach dem Gastmahl schlenderten sie zur Reling. Er schlang seine Arme um ihren grazilen Körper und beide schauten auf den Nil, der vom Vollmond erleuchtet wurde. Er äußerte seinen Nachtwunsch. Er möchte gerne mit ihr zusammen die sieben Quellen des Nils entdecken. Ptah Nofru war begeistert, da sie schon vor einiger Zeit davon geträumt hatte. Es muss ja nicht heute sein, aber innerhalb des kommenden Jahres wäre es wunderbar. Es würde abenteuerlich werden, im tiefen Afrika zu reisen, aber mit Daniel zusammen würden sie sicher reisen können. Beide freuten sich über die Übereinstimmung ihres Wunsches. Sie hatten noch Zeit genug, ihre Reise vorzubereiten.

Acht Tage später kamen sie in Alexandria an. Der erste Weg führte zu ihren Eltern. Ptah Nofru erzählte ihnen, dass sie alle Hieroglyphen der Legende „Osiris und Isis" übersetzt habe. Die Legende sei ja schlimmer als ein Krimi. Die Eltern mussten lachen, da es ihnen beim ersten Mal genauso ergangen war. Ihre Mutter sagte, dass sie ihren Namen Isis von der Göttin erhalten habe. Amenemhet IV war glücklich, seine Tochter wieder in die Arme nehmen zu können. Er sah Ptah Nofru, seinen Augenstern. Daniel und Ptah Nofru strahlten vor Glück.

Nach zwei kleinen Ruhepausen trafen sie sich wie verabredet mit Mostafa. Sein Gang war federnd, er hatte rot-braunes Haar und dunkle Augen. Ptah Nofru und er kannten sich schon seit ihrer Kindheit, lebten sie doch beide in Alexan- dria. Er war erfreut, sie zu sehen. Sein Wunsch war, Guru Nanaks Schüler zu werden. Sie warnte ihn davor, da David ein sehr strenger Guru sei. Es würde lange dauern, bis er alle Übungen gelernt habe. Guru Nanak möchte gerne die Lehre des Avalochitesvara-Rochalla-Sterns weitergeben. Er betonte, dass es darauf ankomme, welchen Weg er einschlagen möchte. Erleuchtung oder die Leere. Bei dem Weg der Erleuchtung müssen die Atman-Seele und der Klare-Geist zusammen kommen. Die Leere zu erreichen, ist noch komplizierter. Er würde Mostafa empfehlen, den Weg der Erleuchtung zu gehen.

Hurghada Rotes Meer

Mostafa sagte, dass er in fünf Tagen nach Hurghada fahren müsse, weil er dort einen Job habe. Er wollte von Daniel wissen, ob er ihn die Übungen zeigen wolle. Er hatte vor, diese auch am Roten Meer fortzusetzen. Daniel bot Mostafa an, ihm zwei von seinen Werken zu geben, damit er auf den Stand der anderen Schüler in Mombai Indien sei. Mostafa war sehr erfreut. Er wollt den Weg der Erleuchtung gehen und alles tun, dass er diese so bald wie möglich erreiche. Er wurde in Hurghada immer wieder von Mahakalla TD attakkiert. Ptah Nofru bot ihm an, Durchgang durch die Schlucht für ihn zu machen. Die Grüne Tara sei Rochalla die Kämpferin und sie ist die einzige, die Mahakalla TD entfernen kann. Mostafa war hoch erfreut. Er hatte nicht erwartet, so reich beschenkt zu werden. Ptah Nofru wollte wissen, welchen Job er in Hurghada macht. Er sagte, dass er als Musiker arbeite und hauptsächlich orientalische Lieder singen würde. Hurghada lag direkt am Roten Meer und er liebte das Tauchen. Das Wasser war kristallklar und ruhig. Freunde von ihm seien zu der Zeit auch dort und er würde sich freuen, sie wiederzusehen. Beide kamen auf die Idee, Mostafa ans Rote Meer zu begleiten. Sie kannten weder das Rote Meer noch den Fischerort Hurghada, aber sie wussten, dass der Aufenthalt am Meer sehr gut für die Atemwege und vor allem für die Lungen ist. Das war ein guter Vorschlag fand Mostafa und er wollte sich um die Unterkunft kümmern, weil er sich dort am besten auskannte. Daniel und Ptah Nofru verbrachten fünf Tage bis zu ihrer Abreise bei den Eltern. Sie sprachen über ihre Erfahrungen in Luxor und vor allem über den „Osiris und Isis-Mythos" Und sie erzählten über ihr Vorhaben, noch im gleichen Jahr die sieben Quellen des Nils anzuschauen. Amenemhet IV. und Göttin Isis hielten den Atem an, als sie das hörten, ließen sich dann aber davon überzeugen, dass sie sehr viele Erfahrungen beim Reisen hatten. Sie fanden die Idee,

ans Rote Meer zu fahren und die Lungenentzün-
dungen auszukurieren sehr gut.

Als sie in dem kleinen Fischersdorf Hurghada
ankamen, waren sie angenehm überrascht, dass
es nicht so heiß war, wie im übrigen Land. Sie gingen zusammen zum Wasser und schwammen so
lange, bis sie erschöpft waren. Abends gingen sie
in das Café, wo Mostafa spielte. Es war ein sehr
angenehmer Tag. Am nächsten Abend trafen sie
Mostafa und seine Freunde im gleichen Café wieder. Es war eine lustige Runde, die sich angeregt
unterhielt. Mostafa sang orientalische Lieder und
er begleitete sich dabei auf der Od. Sein Freund
spielte die Tabla. David und Ptah Nofru waren begeistert, weil sie Musikliebhaber waren. Sie saßen
in gemütlichen Korbstühlen, tranken Kaffee mit
Kardamone und genossen die Atmosphäre. Plötz-
lich spürte Ptah, wie ihre Seele aus ihrem Koper
flog. Das war ihre erste Erfahrung dieser Art und
sie berichtete Daniel davon, dass sie im Paradies

gewesen sei. Er lachte sie an, hatte er doch zeitgleich eine ähnliche Erfahrung gemacht. Ptah Nofru sprach ihn an, ob er sich noch genau an die Einzelheiten erinnern kann. Auf jeden Fall, war seine Antwort. Ptah Nofru war sehr glücklich darüber, war es doch das erste Mal, dass sie das erleben durfte. Es war ein Geschenk des Himmels. Das war die erste Erleuchtung von Guru Nanak und Path Nofru.

Am nächsten Abend fanden sie einen Tanz-Club mit Live-Musik. Daniel und sie tanzten sehr gerne miteinander. Ptah Nofru konnte sich nichts Schöneres vorstellen, als mit Daniel das Tanzbein zu schwingen. Daniel und Ptah Nofru gingen gleichzeitig zu ihren Plätzen zurück. Beide waren überglücklich. Sie sah ihn an und stellte ein Leuchten und Strahlen an ihm fest. Er lachte sie an, hatte er doch zeitgleich eine ähnliche Erfahrung gemacht. Beide waren überglücklich. Er sagte zu ihr, dass sie im Dewachen gewesen sei und sich als Schwarze Diamant Tara verwirklicht habe. Er habe sich als Buddha Manjushri verwirklicht. Sie verabschiedeten sich von Mostafa, da sie sich am nächsten Morgen wieder treffen wollten. In ihrem Hotelzimmer angekommen, das neben dem Zelt lag, in dem Mostafa sang, sprachen sie noch lange darüber, was sie in diesem Zelt und mit der Musik von Mostafa erlebt hatten. Es gibt keine höhere Tara als die Schwarze Diamant Tara. Beide hatten nicht damit gerechnet, dass so etwas wunderschönes passieren würde.

Am nächsten Morgen erhielten sie eine Botschaft über einen Kurier ihres Vaters und Kaisers. Es wurde ein Attentat auf ihn ausgeübt. Es sei nichts passiert aber Daniel und Ptah Nofru sollten so schnell wie möglich nach Kreta fahren. Sie waren mehr als geschockt darüber, dass man ihrem Vater und Kaiser nach dem Leben trachtete. Amenemhet IV. vermutete, dass die Hintermänner in Hurghada anzutreffen seien. Ptah Nofru und Daniel sollten vorsichtig sein, weil auch sie in Gefahr schweben. Darum seine Bitte, dass sie so schnell wie möglich nach Kreta fahren sollen.

Nachdem sie ihre Fahrkarten besorgt hatten, gingen sie wie mit Mostafa verabredet an den Strand. Mostafa erzählte ihnen, was in der vergangenen Nacht passiert. sei. Man habe 40 Männer gefangen genommen. Es wurde ihnen vorgeworfen, dass sie sich mit einer Religion beschäftigt hätten, die konträr zu der alten ägyptischen Religion stand. Als Mostafa in Kairo war, hatte er das heilige Buch von Guru Nanak bis zur Hälfte ausgelesen. Sie seien also alle in Gefahr. Am besten würde auch Mostafa mitkommen, mit dem Schiff zur Insel Kreta. Der Palast von Knossos habe Platz für mehr als drei Leute.

Mostafa war froh, im Palast von Knossos untertauchen zu können. Seine Gastgeber waren bemüht, ihm den Aufenthalt so angenehm wie möglich zu gestalten, dazu gehörte auch, dass sie ihre täglichen Übungen fortsetzten. Mostafa war mit seinem Guru zusammen. Er nahm an den frühmorgendlichen Übungen teil. Jedes Mal, wenn Daniel seine Frau Ptah Nofru in den Avalochitesvara-Rochalla-Stern unterrichtete, war er mit dabei. In den Abendstunden sang er orientalische Lieder und spielte mit seiner Od. Daniel und Ptah Nofru waren sehr froh darüber, dass sie einen so guten Sänger als Gast hatten. Eines Abends sagte Guru Nanak zu ihm, dass er sich in der Sphärenmusik verwirklicht habe, also in der Sphäre I. Klarer Geist von Avalochitesvara-Rochalla. Er habe nun die Fähigkeit erlangt, am Gitternetz mitzuwirken. Gitternetz sei die Atman-Seele und es sei etwas Besonderes, am Gitternetz-Aufbau dabei zu sein. Am gleichen Tag sprach er zu Ptah Nofru. Sie habe sich als Schwarze Diamant Tara verwirklicht, wie er es ihr bereits mitgeteilt habe. Die Tara, die alle anderen umfasst, ist die Schwarze Diamant Tara. Sie und die Grüne Tara würden nun zusammen den Durchgang durch die Schlucht vollziehen.

Nach zwei Wochen erhielten sie die Nachricht von einem Kurier, dass die Gefahr gebannt sei. Mostafa konnte zwar nicht nach Kairo fahren, aber er war nun wieder in der Lage, seinen Heimatort Alexandria aufzusuchen. Er würde dort in einem Musik-Club auftreten, den er schon kannte. Mostafa hatte sich einen Namen als Sänger gemacht und konnte immer vor einem großen oder kleinen Publikum spielen. Er ging dazu über, eigene Musikstücke zu komponieren mit Texten, die er selber geschrieben hatte. Es waren wunderschöne Lieder, die zu Herzen gingen.

Durch die Hölle zum Paradies

eRos ist die Reinkarnation von Ptah Nofru, die vor ca. 1800 v.Chr. in Ägypten lebte. Am 17.12.2000 erhielt eRos ihre erste Erleuchtung in den Avalochitesvara-Rochalla-Stern, am gleichen Tag, als sie in Ägypten am Roten Meer ankam.

Die Informationen darüber, was die Reinkarnation und Erleuchtung für eRos zu bedeuten hatte, erhielt sie 18 Jahre später von Avalochitesvara-Rochalla selbst, in Deutschland. Er ist der einzige, der das Energiefeld und das magische Gitternetz erkennen und deuten kann.

Am 21.4.2018 wurde eRos ein zweites Mal erleuchtet und zwar in Buddha Manjushri. Buddha Manjushri und der Avalochitesvara-Rochalla-Stern waren beide auch die Erleuchtungen von Ptah Nofru.

Seit 19.2.2016 führte eRos Gespräche mit Avalochitesvara-Rochalla auf einer sehr hohen geistigen Ebene durch. „Echo meine Seele" war aufgrund ihrer Recherchen mit ihm erst möglich gewesen. Er ist ihr Mentor und er ist für sie ein sehr guter Coach in verschiedenen Bereichen. Es war und ist eine gute Übung für eRos, sich von Avalochitesvara-Rochalla führen zu lassen und ansatzweise die Mehrdimensionalität von Aalochitesvara-Rochalla, Energiefeld und das magisches Gitternetz aufzuschreiben.

Den Avalochitesvara-Rochalla-Stern beobachtet eRos jeden Abend um die gleiche Zeit am Nachthimmel von Friedberg. Er hat jedes Mal die gleiche Ausgangsposition und ist in Fauerbach mit dem größeren, helleren Stern verbunden, der nicht weit davon entfernt erstrahlt. Der hellere Stern ist die Atman-Seele von Avalochitesvara-Rochalla. Die zwei Sterne sind deutlich am ansonsten sternenlosen Nachthimmel zu erkennen. Ein dritter, kleinerer Stern ist die Schwarze Diamant Tara.

Avalochitesvara-Rochalla und die Schwarze Diamant Tara bilden den Mittelpunkt im Avalochitesvara-Rochalla-Stern.

Schwarze Diamant Tara ist die Tara, die die anderen Taras umringt. In einem Unendlichkeitszeichen ist rechts die Grüne Tara, links die Dorje Sempa und in der Mittel die Diamant Tara. Die Schwarze Diamant Tara umfasst alle anderen Taras.

eRos hat die Initiation und Einweihung in Schwarze Diamant Tara und Grüne Tara 1984 in Frankfurt am Main von Lama Ole Nydahl erhalten. 1992 war es die Einweihung in Buddha Manjushri. Buddha Manjushri ist der Buddha der transzendenten Weisheit und Allmächtiger Befreier. Sie bekam zur Aufgabe, Mahakalla TD ins Schwarze Loch des Kosmos zu entsorgen. Es gibt nur eine durchgreifende Methode, die dieser Aufgabe gerecht wird und zwar die Meditation „Durchgang durch die Schlucht". eRos hatte diese Methode selbst entwickelt. Avalochitesvara-Rochalla, Schwarze Diamant Tara, Göttin Isis, Buddha Manjushri und Ptah Nofru sind die einzigen, die den „Durchgang durch die Schlucht" durchführen dürfen. Gemeinsam entfernen sie Mahakalla TD aus dem Energiefeld und aus dem magischen Gitternetz.

Mahakalla TD ist der Zerstörer des Energiefeldes und des magischen Gitternetzes. Das magische Gitternetz ist weiß und baut sich immer wieder rautenförmig auf. Wenn Mahakalla TD nicht in die Schranken verwiesen wird, kann dieser das magische Gitternetz zerstören.

Je nach Sphären (Klarer Geist, Allmacht und Gotteskraft) verändern sich auch die Ebenen KA, BA, ACH in andere Farben. Gold-gelb ist der seelische Aspekt von Avalochitesvara-Rochalla, rubinrot ist die Gotteskraft und smaragd-grün türkisblau ist die Allmacht von Avalochitesvara-Rochalla. Der Avalochitesvara-Rochalla-Stern ist ein Symbol der Kräfte, die im Avalochitesvara-Stern und im Energiefeld sowie magischem Gitternetz wirksam sind. Das magische Gitternetz kann von Mahakalla TD zerstört werden, was bedeutet, dass Avalochitesvara-Rochalla verletzt werden kann.

Gott Maat (4) ist derjenige, der für jeden Menschen entscheidet, ob er von Avalochitesvara-Rochalla erleuchtet werden kann oder nicht. Gott Maat (4) ist im Bereich der Gotteskraft des Avalochitesvara-Rochalla Sterns und hat die Farbe rubin-rot.

Das Energiefeld und das magische Gitternetz bauen sich so auf, dass die ersten sechs Energiefelder die Allmacht sind. Die Gotteskraft besteht aus der alles durchdringenden Gotteskraft, der alles erschaffenden Gotteskraft und der aus sich selbst wirkenden Gotteskraft. Das Fehlen der Gotteskraft von Avalochitesvara-Rochalla hat zur Folge, dass die Karmastufen zu gering für eine Reinkarnation und nicht ausreichend für eine Erleuchtung sind.

Die Energiefelder 7-12 zählen zur Gotteskraft von Avalochitesvara-Rochalla. Gott Maat (6) herrscht an dieser Stelle über Leben und Tod. Ist das Herz eines im Sterbeprozess befindlichen Menschen schwerer als die Feder von Gott Maat auf der rechten Seite, kommt er nicht ins Himmelreich, Dewachen oder Paradies. Das Leben bedeutet, das Weiterleben nach dem Tod. Der Tod bedeutet, in eine der verschiedenen Höllen, Wohnstadt von Mahakalla TD, zu kommen

Schwarze Diamant Tara kämpft unablässig gegen Mahakalla TD an, sie heilt Avalochitesvara-Rochalla und sie ist für die Initiation des Einstiegs in die Allmacht Gottes zuständig. Sie wirkt auf dem Weg zur Erleuchtung auf allen Stufen mit. Sie leitet die Erleuchtung für sich selbst und für andere Menschen ein. Die Schwarze Diamant Tara war bei mehreren Menschen beteiligt, wenn es um die Einteilung von Karmastufe, Reinkarnation und Erleuchtung ging.

Erleuchtung entsteht dann, wenn die Atman-Seele und der Klare Geist von Avalochitesvara-Rochalla zusammenkommen in ACH 13. Die Seele hat auch die Bezeichnung Atman-Seele, Seele von Avalochitesvara-Rochalla und BA. Mahakalla TD zerstört auf allen Ebenen, von Gotteskraft bis ACH 16. Es sind dies die Ebenen und Sphären von Avalochitesvara-Rochalla-Stern: Gotteskraft, Allmacht, Atman-Seele und der Klare Geist von Avalochitesvara-Rochalla. Die Energiefelder ACH 13 - 16 sind die der Erleuchtung, des Dewachen und des Paradieses von Buddha und Gott.

Das magische, weiße, rautenförmige Gitternetz bildet die Struktur für das Energiefeld. Seit 2008 beobachtete eRos das magische Gitternetz des Kosmos am Tag und in der Nacht. Das magische Gitternetz des Kosmos wird unablässig von Avalochitesvara-Rochalla aufgebaut. Es ist mit bloßem Auge nicht zu erkennen, weil es transparent und transzendent ist. Das Gitternetz des Kosmos ist ein für die Astrophysiker relativ neues Phänomen, das sie nur mit ihren riesigen Teleskopen beobachten können. Mit bloßen Augen ist auch das Energiefeld nicht zu sehen. eRos kann sowohl das magische Gitternetz als auch das Energiefeld ganz deutlich erkennen. Sie hat diese Begabung erlangt, etwas Unsichtbares sehen zu können, weil sie die Fähigkeit dazu mit ihrer Erleuchtung im Jahre 2000 von Avalochitesvara erhielt. Die Energiefelder sind deutlich voneinander abgegrenzt, so ihre Beobachtung an manchen Tagen von ihrem Balkon aus. Es ist wie eine unsichtbare Grenze.

eRos war fasziniert über das rubin-rote Netz, das sich um ihre Orangen in der Küche gespannt hatte. Es war rautenförmig und je nach Stellung der Orangen bewegt es sich mal in die eine oder in andere Richtung. Eigentlich bestand es nur aus Löchern, aber „Loch an Loch und es hält doch", sagt der Volksmund. eRos ging einen Schritt weiter, holte eine farbige Kordel aus ihrer Schublade und wickelte diese um eine der Orangen. So entsteht ein Gitternetz. Das Netz ist mit dem Gitternetz des

Kosmos zu vergleichen und das Fruchtfleisch der Orange ist das Energiefeld. Was hatte eRos daran so fasziniert, obwohl sie jeden Tag in den Genuss von Orangen kommen konnte? Sie setzte diese kleine Erfahrung um, indem sie begann, Aquarellbilder zu malen. Sie malte den Energiefeldaufbau, indem sie je weißem Punkt das Mantra „Gott Heiliger Geist Elias" sprach. Auch zehn Jahre später schwangen die über 1000 weiße Punkte noch in diesem Bild. Sie malte den Energiefeldaufbau voller Hingabe und so, als würde Avalochitesvara hinter ihr stehen. Da leuchtete das Gold-Gelb, Symbol für die Atman-Seele. Das kräftige Rubin-Rot war das Zeichen für seine Gotteskraft und Lebensenergie. Smaragd-Grün Türkis-Blau ist das geistige Prinzip von ihm.

eRos näherte sich dem Phänomen „Lapislazuli-Blau" und „Klarer Geist von Avalochitesvara-Rochalla", indem sie sich eine Orange vorstellte, die sie ins weite Meer warf. Alle Ozeane, der Pazifik, alle Meere zusammen ergeben das Volumen, den

Raum, das Wasser um die Orange herum. Das ist der Klare Geist von Avalochitesvara-Rochalla bildlich gesehen. Und tatsächlich entstehen die Rauten des Gitternetzes sowohl im Kosmos als auch auf der Erde durch das „W" – wie Wasser und „M" wie Meer. Schiebt man diese beiden Buchstaben übereinander, entstehen die Rauten. Die Gotteskraft von Avalochitesvara-Rochalla ist die Kraft, die den Energiefeldaufbau unablässig vollzieht.

1984 hörte eRos von Lama Ole Nydahl davon, dass der Klare Geist von Avalochitesvara-Rochalla grenzenlos ist, unzerstörbar, raum- und zeitübergreifend und spiegelgleich. Sie nahm sich 44 Jahre Zeit, um zu erkennen, dass es eine Raum- und Zeitkrümmung im Universum gab, sobald das „Schwarze Loch des Kosmos" – sprich Mahakalla TD – sein Unwesen im Universum treibt. You tube macht es möglich, das Werden und Vergehen von Sternen und Galaxien zu beobachten. Der schwarze Komet, der auf den Planeten Erde zurast, ist keine Fiktion, sondern Mahakallas TD zur Materie gewordene Versteinerung der Zerstörung, die er ist. Die Wissenschaftler beobachten mit ihren starken und großen Teleskopen, mit welcher alles zerstörenden Sogwirkung Mahakalla TD ganze Sterne in sich hinunter saugt und mit einer wahnsinnigen Energie alles kaputt macht. Die gleichen schwarzen Energien können draußen in Friedberg-Fauerbach.

In der Auseinandersetzung mit Mahakalla TD lernte eRos, um ihr Leben zu kämpfen. Durchgang durch die Schlucht ist die Methode, mit der sie begann, Mahakalla TD ins Schwarze Loch des Kosmos zu entsorgen. Der Schwarze Mantel, wie man den Klaren Geist auch nennt, ummantelt das Grauen von Mahakalla TD und legt ihn damit aufs Eis.

Seit 11.9.2011 arbeitete eRos nicht mehr allein auf weiter Flur. Sie bekam die größte Hilfe, die sie sich wünschen konnte, um in diesem Kampf zu bestehen: Avalochitesvara-Rochalla, Buddha Manjushri, Grüne Tara, Schwarze Diamant Tara, Ptah Nofru und Göttin Isis. Trotz alledem wurde sie Ende Februar 2018 von Mahakalla TD aufs Übelste attackiert. Seit ihrer Erleuchtung am Roten Meer, in Hurghada, versucht Mahakalla TD, eRos zu töten. Ende Februar 2018 musste sie durch eine sehr starke Lungenentzündung fast das Zeitliche segnen. Der Kontakt zu Avalochitesvara-Rochalla war abgebrochen, was für beide sehr schlimm war. Der Energiehaushalt war auch nach vier Wochen noch nicht wieder hergestellt. Ostermontag, so die Mitteilung von Avalochitesvara-Rochalla, würden sie wieder miteinander kommunizieren können. eRos begann an diesem Tag, ein neues Buch zu schreiben.

Der Klare Geist von Avalochitesvara-Rochalla ist ALLES so weit, so tief, so hoch, so breit und so schmal, wie man es sich nur vorstellen kann. Er ist die Allmacht Gottes, die im Energiefeld (12) die

Entscheidung über Leben und Tod fällt. Der Raum von Avalochitesvara-Rochalla ist grenzenlos. Es ist dies der Raum um den Avalochitesvara-Rochalla-Stern herum. In ACH 13 findet die Erleuchtung statt, wenn die Atman-Seele (BA) und der Klare Geist von Avalochitesvara-Rochalla zusammenkommen. Die Erleuchtung in ACH 13 setzt sich fort in ACH 14. Beides ist die Erleuchtung der Buddhas. In ACH 15, das Dewachen bis ACH 16, das Paradies, setzt sich die Erleuchtung in GOTT fort. Die Basis für die Atman-Seele und für den Klaren Geist von Avalochitesvara-Rochalla ist die Gotteskraft und die Allmacht Gottes. Gott Maat wirkt in Gotteskraft (4) und Allmacht (6). In den Feldern Gotteskraft 7-12 des Energiefeldes muss jeder Einzelne 178 Aspekte der Gotteskraft und des Klare Geistes von Avalochitesvara-Rochalla kennenlernen und verwirklichen. Die 178 Aspekte zu verwirklichen ist eine große Herausforderung für jeden, aber ohne sie ist eine Reinkarnation und Erleuchtung nicht möglich.

In den Gesprächen mit Buddha Avalochitesvara 1.000-armig erfuhr eRos, was tatsächlich in Hurghada am Roten Meer passierte. Sie wurde dort im Gefängnis gefoltert, verspürte aber keine Schmerzen. Sie dachte, dass sie 4 ,Tage Folter ertragen musste, real waren es aber 12 Tage. Er vermittelte eRos, dass sie Situationen ertragen musste, die weitaus schlimmer waren.

Seit ihrer Erleuchtung am 17.12.2000 hatte Mahakalla TD nur ein Ziel, er wollte eRos töten. Und er war erfolgreich damit, ihre Lebensenergie so weit runterzufahren, dass sie mal wieder in die Psychiatrie musste. eRos kannte Mahakalal TD zu genau. Sie sah ihn in Hurghada als Taxifahrer – das war Mahakalla TD, wie sie ihn kannte. Er war auf einem Flyer für die Eröffnung eines thailändischen Restaurants als ,Buddha' abgebildet – das war er 100-prozentig. So wie auch die Maske in einem Geschäft auf der Kaiserstraße in Friedberg – das war Mahakalla TD, so wie sie ihn von ihrer Zeit in Frankfurt am Main her kannte. Die Begegnungen mit Mahakalla TD in Friedberg-Fauerbach gipfelten in eine Situation, die eRos Apokalypse nannte. Sie malte das Schrecken, das sie in dieser Zeit terrorisierte. Der Böse Blick, der Feuerdrache, Satan und die Riesenschlange waren die vier Sorten, mit denen Mahakalla TD versuchte, sie abzumurksen. Der Böse Blick von Mahakalla TD hätte schon ausgereichen können, um ihr einen tödlichen Schrecken einzujagen. Sie hielt seinem Blick Stand und wartete, bis sich das Auge schloss. Mahakalla TD als Feuerdrache bedeutete, dass sich ihre Lebenskraft gegen Null bewegte. Satan hat sie mehrfach gekillt und die Riesenschlange waren die grauwabernden „Tonnen". Sie erkannte ihn hoch oben auf den „Tonnen" sitzend.

Auch in allen Situationen, die grässlich, grauenhaft und tödlich waren, hatte eRos keine Angst und keine Schmerzen. Avalochitesvara-Kochalla beschützte sie und heilte sie und holte ihre Lebenskraft wieder auf ein gutes Level zurück. eRos zweifelte nicht einen Augenblick daran, dass Buddha

Avalochitesvara-Rochalla 1000armig die Wahrheit
sprach.

Der Weg der Erleuchtung erforderte die Erkenntnis von mindestens 178 Aspekten der Gotteskraft und des Klaren Geistes. Avalochitesvara-
Rochalla erkennt und unterscheidet mehr als 1.000
Aspekte. Weisheit, Wissen, Wahrheit und das Wort
haben einen großen Stellenwert im Avalochitesvara-Rochalla-Stern. Es zählen aber auch Intuition,
Kreativität, Phantasie und Vorstellungsgabe dazu.
eRos setzte ihre Erkenntnisse, die sie durch die
Gespräche mit Avalochitesvara-Rochalla erzielte,
in Aquarellbilder um. Sie hatte eine Ausstellung im
Hessischen Rundfunk in Frankfurt und eine andere
im Internationalen Frauenzentrum in Friedberg.
Die Menschen waren daran interessiert zu erfahren, was sie sich dabei gedacht hatte. Alle Bilder
von ihr sind auch als Dauerausstellung in artof-
fer.com/Elli Fleckner zu sehen. Informationen zu
den Büchern, die sie geschrieben hatte, und zu den

Bildern sind auf ihrer homepage „Aavalochitesvara.de.tl" einzusehen. Das Schreiben und das Malen zählen zu den täglichen Übungen, die Avalochitesvara-Rochalla 1000-armig einfordert. Sie sind Bausteine der Karmastufen 100 –180. Die wenigsten Menschen, die auf dem Weg zur Erleuchtung sind, erreichen die Karmastufe 180. Im Zusammenhang mit einer starken Reinkarnation bedeutet die Karmastufe 180 Erleuchtung mindestens in Ebene ACH 13.

Zur täglichen Praxis zählen: Altar errichten, Energieformaufstellung, Meditationen Durchgang durch die Schlucht, Gebete, Mandala, Heilung und Gespräche mit Avalochitesvara-Rochalla. Die Gespräche mit Avalochitesvara-Rochalla beziehen sich auf die Ebenen KA BA ACH im Avalochitesvara-Rochalla-Stern. Die Sphären I, II und III beziehen sich auf den Klaren Geist von Avalochitesvara-Rochalla, Allmacht und auf die Gotteskraft sowie Lebensenergie von ihm. Ein negatives Karma kann

durch Unwissenheit, Neid, Hass und Gier entstehen. Ein positives Karma kann aufgebaut werden
durch Wissen, Absicht, Gedanken, Gefühle und Taten.

Mit ihrem Bewusstsein und vor allem mit ihrem
Selbstbewusstsein konnte eRos erkennen, dass
sie am 21.4.2018 in Buddha Manjushri erleuchtet
wurde. Avalochitesvara-Rochallla sagte es ihr.
eRos hätte es aber auch selber wissen müssen. Alles, was sie vom Balkon aus an diesem Tag beobachten konnte, wies darauf hin. Sie versuchte
vergeblich zu verstehen, was die vielen Streifen am
Himmel zu bedeuten hatten und das kleine Flug-
zeug. Auch die Wolken haben Bedeutungen, die sie
auch nach 12 Jahren noch erfragen musste. Das
gleiche bezieht sich auf Mahakalla TD. eRos erkennt die Zeichen von Mahakalla TD fast gar nicht.

Die Seele BA von Avalochitesvara-Rochalla ist
die Atman-Seele mit dem Namen Rochalla. ACH ist
der Name für den Klaren Geist. Der Klare Geist und

BA, die Atman-Seele, bewegen sich wie in einer Sanduhr, die sich immer wieder von oben nach unten bewegt. Ist das Glas oben leer, dann ist unten ein Häufchen von Sandkörnern zu sehen. Wenn die Sandkörner nach unten in die Sanduhr gerieselt sind, dann sind 5 Minuten vergangen. Wenn Avalochitesvara-Rochalla das Glas der Sanduhr herumdreht, ist unten alles leer, oben sind dann alle Sandkörner. Rieseln die Sandkörper aus dem Klaren Geist wieder herunter, nehmen sie den Segen von oben mit. Es entsteht jeweils ein leerer Raum, in dem die Atman-Seele ist. Hier sind wenige Sandkörner oben, aber viele auf einen Haufen voller Segen unten. Der leere Raum (Glas) ist gleich groß. Es ist die Hälfte der Zeit von 2,5 Minuten vergangen. Es gibt eine Sogwirkung nach unten. Die Sandkörner fallen einzeln hinunter in die Sanduhr.

Das Energiefeld des Avalochitesvara-Rochalla-Sterns ist allumfassend und räumlich. Er sagte in einem Gespräch mit eRos, dass sie am 17.1.2000

im Avalochitesvara-Rochalla-Stern von ihm erleuchtet wurde. Er hatte die Zeit, 18 Jahre, und den
Raum in einer Distanz von 3.000 Km überwunden,
um ihr die Mitteilung zu geben. eRos plante ihre
Projekte mit ihm zusammen, sei es das Schreiben
eines Buches oder das Organisieren von Lesungen. Die Zukunft war wie ein offenes Buch für ihn.
Die Gespräche, die er mit ihr führte, bezogen sich
auf die Vergangenheit, Gegenwart und auf die Zukunft.

Er heilte eRos in vielen Situationen. Ihr ganzes
Leben hatte sich für eRos zum Positiven gewendet
und er hatte einen großen Anteil daran.

Die weißen Streifen, die tagsüber ihre Bahnen
über Fauerbach ziehen, sind von Tara-Energien erfüllt. Grüne Tara, Dorje Sempa, Diamant Tara und
Schwarze Diamant Tara sind darin enthalten.

YouTube machte es möglich, die Stimme von
seiner Heiligkeit Dalai Lama zu hören, wenn er das
Mantra „OM MANI PADME HUNG" rezitierte. Um

ihn herum fließen farbige Energieströme spiralförmig um seinen Kopf herum.

Ebenso war sie in der Lage, die Sphärenmusik
von Avalochitesvara-Rochalla zu hören. Es war der
wunderbare Klang von mehreren Männerstimmen,
die ein Gebet sangen. Es war seine Stimme, die
wunderschön und herrlich klang. Manchmal sang
er allein, manchmal in einem gemischten Chor.
eRos empfand es jedes Mal wie ein großes Geschenk, wenn sie die Sphärenmusik wahrnehmen
konnte. Meistens hörte sie Avalochitesvara-Rochalla, wenn die Situation sehr angenehm war. Sie
nahm diese Sphärenmusik an unterschiedlichen
Stellen in der Wohnung und seltener außerhalb
wahr.

Seine Heiligkeit Dalai Lama ist die Reinkarnation von Avalochitesvara-Rochalla. Er ist in der
Lage, das Energiefeld von Avalochitesvara-Rochalla zu erkennen und zu deuten und er hört die

Stimme Gottes, die Sphärenmusik von Avalochitesvara-Rochalla.

eRos nahm 1992 an der Einweihung des Kalachakramandalas teil, die von seiner Heiligkeit Dalai Lama in der Nähe von Warschau durchgeführt wurde. Das Kalachakramandala ist die höchstmögliche Einweihung, die es gibt und es ist etwas ganz besonderes, sie mit ihm zu erleben. Es waren Zelte für ca. 800 Buddhisten aufgeschlagen, Zelte, in denen das Ritual stattfand. eRos träumte in der Nacht davor, dass sie an dem Ritual teilnahm und sie wusste am kommenden Tag genau, was das Ritual zu bedeuten hatte. Das Kalachakramandala ist das höchste Mandala in der Welt und es ist das Mandala von Avalochitesvara-Rochalla 1000-armig. Wenn man sich Avalochitesvara-Rochalla nähern möchte, ist es ratsam und hilfreich, sich mit der Keimsilbe von ihm, vom Kalachakramandala, zu beschäftigen. Es gibt gute Bücher darüber, die sicher auch in den buddhistischen Zentren zu finden sind, heilige Bücher ohne Gleichen.

Das magische, rautenförmige Gitternetz zeichnete ein sich bewegendes Bild in das Energiefeld. eRos sah jetzt ein wunderschönes rubin-rotes Feld, eine Farbe, die nicht noch einmal in der Welt zu finden war. Die rubin-rote Energie floss von rechts nach links.

Ohne die Karmastufe 180 und die Reinkarnation von Ptah Nofru hätte eRos keine Erleuchtung erhalten. Die Erleuchtungen fanden in einem Abstand von 18 Jahren statt. Buddha Manjushri hatte seit 1992 einen hohen Stellenwert für eRos, hatte sie in Malaga die Erleuchtung in Buddha Manjushri das erste Mal von Lama Ole Nydahl erhalten. Avalochitesvara-Rochalla 1000-armig wird mit 1000 Armen dargestellt. Eins von diesen Schwertern trägt Buddha Manjushri in seiner rechten Hand und er zerteilt den Vorhang und den Stoff der Unwissenheit. Unwissenheit bedeutet Karmastufe unter 22 und Weisheit beginnt mit plus 22, eigentlich erst mit der Erleuchtung plus 100. In der linken

Hand trägt Buddha Manjushri das Buch der Weisheit, das heilige Buch, das es nur in der geistigen Welt gibt.

Ohne Avalochitesvar-Rochalla und Buddha Manjushri wäre eRos nicht mehr am Leben. Sie war sechsmal im Sterbeprozess und einmal im Todeskampf. Beide haben ihr geholfen, gegen Mahakalla TD anzukämpfen und eRos zu helfen. In den schwierigsten Situationen, in denen Mahakalla TD sie attackierte, wusste sie intuitiv, wie sie die Meditation Durchgang durch die Schlucht aufstellen musste, damit sie als Waffe im Kampf gegen den Zerstörer bestehen konnte. Die Mahakalla TD-Apokalypse war so grauenerregend, dass jeder andere vor Schreck und Angst gestorben wäre. Sie wandte sowohl in Ägypten als auch in Deutschland alternative Heilmethoden bei sich selber an, die sie nie zuvor kennengelernt hatte. Sukzessive hatte Avalochitesvara-Rochalla ihr geholfen, ein neues Leben aufzubauen. Die Heilmethoden, die sie für sich selbst gegen die verhängnisvollen Schäden von Mahakalla TD angewandt hatte, gab sie nun an Avalochitesvara-Rochalla weiter. Die Schäden waren so gravierend, dass für Avalochitesvara ein Weiterleben kaum möglich erschien. Es dauerte Wochen, bis die schlimmsten Verletzungen im Energiefeld behoben waren.

Das Schreiben von Büchern und das Malen von Aquarellbildern sind nicht bloßer Zeitvertreib für eRos, sondern auch eine Plattform für die Kommunikation mit Avalochitesvara-Rochalla. In „Rochallas weiße Schuhe. Ein Leben auf Messers Schneide", wurde Avalochitesvara-Rochalla über alles informiert, was ihr Leben betraf. In „Echo meiner Seele" schrieb sie über das Thema Reinkarnation und Karmalehre. Sie liebt es zu malen, sind ihre Bilder doch immer auch ein Vehikel, um die Themen von Avalochitesvara-Rochalla zu transportieren. „Wunder der Kommunikation" und „Energiefeldaufstellung" sowie „Gott Maat" zeigen den Weg der Erkenntnis, den eRos gegangen ist. Sie befindet sich immer noch am Beginn einer

Strecke, die am Anfang sehr steil bergauf ging. Mittlerweile ist die Strecke abwechslungsreicher geworden und es macht ihr Freude, sie zu bewältigen.

Die Schwarze Diamant Tara entfernte den Zerstörer und sie kämpfte gegen ihn mit den geistigen Waffen in der Meditation Durchgang durch die Schlucht an. Innerhalb dieser Meditation stellt sie zwei Energiefelder auf. Sie kämpfte gegen den Zerstörer erfolgreich an und sie kämpfte gegen die verheerenden Auswirkungen der Schäden an Energiefeld und magischem Gitternetz. Erleuchtung ist für Avalochitesvara-Rochalla die Befreiung und die Abwesenheit von Mahakalla TD.

Nicht jeder Mensch erhält das große Geschenk von Avalochitesvara Rochalla, ein eigenes Energiefeld mit ACH 13 – 16 zu haben. Schwarze Diamant Tara ist es, die die Initiation vorgibt für den Einstieg in die Gotteskraft. Avalochitesvara-Rochalla-Stern, Buddha Manjushri, Grüne Tara und Göttin

Isis helfen ihr dabei, den Zerstörer zu entsorgen. Schwarze Diamant Tara war bei allen Stufen und Ebenen der Erleuchtung dabei. Sie bildete mit Avalochitesvara-Rochalla zusammen den Mittelpunkt des Sterns mit der Ziffer 15.

Es gibt ein Phänomen, dessen Auftreten eRos immer wieder beschäftigte und das war die Spiegelgleichheit. Sie fotografierte den Lac Noir im Elsass und musste zuhause feststellen, das sich etwas auf der Wasseroberfläche gespiegelt hatte, so dass das Gesamtbild aussah, wie 5 Buddhas übereinander. Große, ernste Gesichter und kleine freundlich lächelnde Buddha-Gesichter waren zu erkennen. Es sah großartig aus. eRos nahm an, dass sich die Böschung gespiegelt hatte. Avalochitesvara-Rochalla klärte sie im Gespräch auf, dass sich die Wolken gespiegelt hatten. Es gab weiße Wolken über Fauerbach, die sehr zart und leicht aussahen, wie eine Feder. Es gab schwarze, bedrohlich aussehende Wolken, die ihr einen Schrecken einjagten. Die Wolken der Freude und die des

Schreckens lagen manchmal nahe beieinander. Der einzige, der die Wolken über Fauerbach, die für eRos ein Rätsel sind, deuten kann, ist Avalochitesvara-Rochalla. Das einzige, was eRos durch Beobachtung feststellen konnte war, dass sich nach dem intensiven Arbeiten an einem Buch ein klares blaues Himmelszelt zeigte.

Das Dreieck des Sterns, das nach unten zeigt, ist links oben der Klare Geist, die rechte Seite ist die Allmacht und die Spitze nach unten ist die Gotteskraft von Avalochitesvara-Rochalla. Das sind die Sphären von Gott Avalochitesvara-Rochalla-Stern.

Das Dreieck des Sterns, das nach oben weist, ist rechts unten das KA bzw. die Taras, linke Seite ist das BA bzw. die Atman-Seele und die Spitze nach oben ist das ACH bzw. das Dewachen.

Die Kollision von drei Galaxien in der Milchstraße am 21.9.2011, die bekanntlich unsere Galaxie enthält, ergab folgendes, wissenschaftlich fundiertes Ergebnis über dieses Ereignis. Aus der Kollision von drei Galaxien ergab sich eine neue und sehr viel größere Galaxie. Die Forscher nennen sie „Thinker Bells". Es wurde in der Siegener Zeitung abgebildet. eRos war begeistert darüber.

eRos beobachtete zum gleichen Zeitpunkt ein wunderschönes Ereignis. Der Vollmond, Symbol für die Allmacht, hatte sich zu einem weißen Blütenmond entwickelt, so sah er mit den vielen Scheiben um den Mond herum aus. Links davon zeigte sich ein großes strahlendes Kreuz, ein Licht, das sie berührte. Sie verbrachte die ganze Nacht damit, diese Phänomene zu beobachten.

Alle göttlichen Wesen auf einem Foto in der realen Welt sind sowohl im Original als auch mit einem spiralförmigen Licht versehen, das sich etwas rechts davon befindet. Das Original ist wesentlich kleiner als das spiralförmige Licht. Da eRos durch ihre Visualisierungen und Meditationen geübt war, konnte sie dieses Phänomen am Tage und in der

Nacht beobachten. Es ist wichtig, das zu wissen. Wenn eRos zwei Kraniche am Himmel ziehen sieht, weiß sie aufgrund der Information von Avalochitesvara, dass es sich dabei um vier Kraniche handelt, zwei davon befinden sich in einer anderen Dimension und sind unsichtbar.

Jeder Mensch, der die Herausforderung annimmt, von Avalochitesvara-Rochalla belehrt zu werden, wird sich fragen, wie er die Informationen für die Gespräche herbekommen kann. Avalochitesvara-Rochalla öffnet jedem den Weg zu ihm, der sich bemüht und der das Ziel vor Augen hat, die Erleuchtung zu erlangen. Wohlbefinden, Gerechtigkeit und Frieden sind wichtige Faktoren, um in der geistigen Welt erfolgreich zu sein. eRos ist gerne bereit, für den Einstieg in die Materie Hilfestellung zu leisten. Wie baut man die Energiefeldaufstellung und das magische Giternetz auf? Die Einführung in die Meditation Durchgang durch die Schlucht ist erst möglich, wenn die Erleuchtung erlangt wurde. Avalochchitesvara-Rochalla erteilt die

Karmastufen, Reinkarnation und die Erleuchtung. Das Mandala und die Gebete unterstützen diesen Prozess. Wenn Sie schreiben und malen, erfährt er mehr über Sie. Das Heilen von Avalochitesvara-Rochalla ist erst mit der Reikistufe 2. Grades möglich.

Das Wichtigste sind die Gespräche mit Avalochitesvara-Rochalla. Es können Fragen zu ihrem spirituellen Weg sein, zu ihrer Arbeit, zu Beziehungen zu Projekte, die sie für die Zukunft planen. Die vermittelnde Person und Übersetzerin aus der sehr hohen geistigen Ebene zu unserer normalen Welt und das Leben, das wir kennen, ist eRos. Er hat ihr die Namen: „Rochalla die Kämpferin" und „Rochalla die Heilerin" gegeben.

Es geht um den Aspekt von Unwissenheit und Erkenntnis und die Umwandlung von niederen Karmastufen plus 100 in höhere plus 180. Die volle Aufmerksamkeit gilt dem Zerstörer Mahakalla TD, der in seine Schranken verwiesen werden muss.

Ein wichtiger Teil seiner Lehre betrifft den Sterbeprozess. eRos hat ihre eigenen Erfahrungen mit diesem Thema in ihrem Buch „Echo meiner Seele" ausführlich geschildert. Er hat dazu keine Korrekturen vorgenommen, eRos kann also davon ausgehen, dass alles stimmt, was sie geschrieben hat. Ohne zu wissen, was im Sterbeprozess geschah und was der Tod für einen jeden von uns bereithält, ist der Zugang zum Dewachen oder zum Paradies verstellt. Der einzige Punkt, der Dich aus dem Sterbeprozess herausholen kann, ist der Klare Geist von Avalochitesvara-Rochalla. Er führt Sie durch die Heiigen Hallen ins Paradies. Im Sterbeprozess werden Sie zwei Mal von Mahakalla TD auf die übelste Art und Weise attackiert. Von daher ist es wichtig und erforderlich, dass Sie mit Avalochitesvara-Rochalla Zeichen aushandeln, damit Sie wissen, dass Sie auf dem richtigen Weg zu ihm sind. Wenn Sie den Weg zu ihm verloren haben, landen Sie in einen der Neben- und Haupthöllen von Mahakalla TD. Der Maler, dessen Vorstellungsvermögen unglaublich klar war, ist Hieronymus Busch. Er malte die Hölle in allen Einzelheiten, so dass Sie ein Bild davon bekommen, was in der Hölle los ist.

Das Energiefeld ist ein Raster von Avalochitesvara-Rochalla, wo es darum geht, welche Karmastufe derjenige erreicht hat. Ab minus 22 geht es hinunter in den Abgrund und niemand kann ihn davor bewahren, in der Hölle schmoren zu müssen. Das wichtige ist, das Avalochitesvara-Rochalla Gott Maat Gerechtigkeit walten lässt. Niemand, der es nicht verdient hat, landet in minus 180. Dies ist die Karmastufe von Mahakalla TD. Der Zerstörer ist Herr der Hölle.

Die Gedanken, Worte und Taten, die Sie Zeit ihres Lebens hatten, werden im Energiefeld Realität. Jede Kultur und jede Religion behandelt das Thema Karma und seine Auswirkungen auf das

Energiefeld, auf die Reinkarnation und auf die Erleuchtung.